汽车美容装饰

朱升高 韩素芳 ◎ 编著

机械工业出版社
CHINA MACHINE PRESS

《彩色图解汽车美容装饰》立足汽车美容装饰从业人员技能培训，从汽车美容作业的范围和个人防护措施入手，按照汽车美容装饰项目的操作从外到内、从简单到复杂、从基础到专项的逻辑顺序，对汽车美容装饰的操作方法、注意事项、经验技巧等进行了详细介绍。对于汽车美容装饰涉及的汽车外部清洗、内部美容、发动机清洗、漆面美容、漆面划痕处理、贴膜和底盘装甲，以及选装件安装等常见项目以图文并茂的形式进行了详细介绍，特别是重点介绍了精细化美容项目和规范化操作方法，内容详实，通俗易懂。

本书可供自学汽车美容装饰的人员阅读参考。

图书在版编目（CIP）数据

彩色图解汽车美容装饰 / 朱升高，韩素芳编著 . -- 北京：机械工业出版社，2019.3
ISBN 978-7-111-62653-4

Ⅰ.①彩… Ⅱ.①朱… ②韩… Ⅲ.①汽车－车辆保养－图解 Ⅳ.① U472-64

中国版本图书馆 CIP 数据核字 (2019) 第 083807 号

机械工业出版社（北京市百万庄大街 22 号　　邮政编码 100037）
策划编辑：赵海青　　责任编辑：赵海青　　丁　锋
责任校对：李新承
责任印制：张　博

北京东方宝隆印刷有限公司印刷
2019 年 9 月第 1 版第 1 次印刷
184mm×260mm • 10 印张 • 245 千字
0001—3000 册
标准书号：ISBN 978-7-111-62653-4
定价：59.00 元

电话服务
客 服 电 话：(010) 88361066
　　　　　　 (010) 88379833
　　　　　　 (010) 68326294
封底无防伪标均为盗版

网络服务
机工官网：www.cmpbook.com
机工官博：weibo.com/cmp1952
金书网：www.golden-book.com
机工教育服务网：www.cmpedu.com

前 言

　　汽车工业的快速发展带来了汽车美容和汽车装饰的技术发展,对汽车美容装饰从业人员的专业技术要求也在不断提高。为了使广大初学汽车美容装饰的人员全面、系统地了解汽车美容装饰的先进技术,提高汽车美容装饰的实际操作能力,掌握汽车美容装饰技术的知识,本书采用图解的方式对汽车美容装饰的实际操作方法进行了详细、系统的解剖,融合了现代汽车美容与装饰行业较新的、较流行的方法,具有很强的实用性和综合性。本书共编写了10章内容,包括汽车美容概述、汽车美容工具设备和用品、汽车外部清洗、汽车内部清洗、汽车发动机清洗、漆面美容、漆面划痕处理、汽车精细化美容作业、汽车贴膜与底盘装甲以及汽车选装件安装。本书从专业的角度,采用通俗易懂的方式呈现了汽车美容与装饰的工作细节,内容丰富,可读性、实用性强,可以作为初学汽车美容人员的入门指南,也可供广大汽车爱好者、车主以及职业院校的师生阅读和参考。

　　在编写过程中,由于水平所限,书中遗漏或不足之处在所难免,敬请读者批评指正。

编者

目录 Contents

第1章 汽车美容概述 … 1

1.1 汽车美容简介 … 1
1.2 汽车美容作业的范围 … 5
1.3 个人安全防护措施 … 7

第2章 汽车美容工具设备和用品 … 8

2.1 汽车常用美容工具设备 … 8
2.2 汽车美容用品 … 11

第3章 汽车外部清洗 … 17

3.1 汽车外部清洗的类型 … 17
3.2 汽车清洗方法 … 18
3.3 专业美容快速洗车流程 … 20
3.4 轮毂、轮胎清洗方法 … 28

3.5	不锈钢件、电镀件的清洁护理	29
3.6	沥青的去除与清洗	31
3.7	免擦洗汽车清洗	32

第4章 汽车内部美容 35

4.1	汽车内部清洗	35
4.2	汽车内部清洗工作流程	36
4.3	皮革的清洁护理	37
4.4	车门柱饰板、顶篷等编织物的清洗	39
4.5	方向盘、仪表板、置物箱、脚踏板的清洁护理	41

第5章 汽车发动机的清洗 43

5.1	发动机舱的清洗	43
5.2	发动机传动带的清洗	49
5.3	排气管的清洗	50
5.4	塑胶饰件的清洁护理	52

第6章 汽车漆面美容 53

6.1	新车开蜡	53
6.2	汽车打蜡	57
6.3	漆面抛光	68
6.4	汽车封釉	74
6.5	汽车镀膜	79
6.6	汽车镀晶	82
6.7	汽车液体玻璃镀膜	85

第7章 漆面划痕处理 89

7.1	汽车油漆基础知识	89
7.2	划痕处理方法	91

第8章 汽车精细化美容作业 …… 98

- 8.1 施工前准备 …… 98
- 8.2 精细化汽车美容施工步骤 …… 98

第9章 汽车贴膜与底盘装甲 …… 106

- 9.1 隐形车衣的贴护方法 …… 106
- 9.2 车门保护膜的粘贴 …… 112
- 9.3 汽车玻璃贴膜 …… 114
- 9.4 底盘装甲 …… 125

第10章 汽车选装件安装 …… 129

- 10.1 车载导航系统安装 …… 129
- 10.2 防盗器安装 …… 134
- 10.3 胎压监控器安装 …… 140
- 10.4 汽车大包围安装 …… 143
- 10.5 行车记录仪安装 …… 146
- 10.6 汽车空气净化器安装 …… 147
- 10.7 汽车隔音处理 …… 149

第 1 章 汽车美容概述

1.1 汽车美容简介

汽车美容是指根据汽车外表面和车内配置的不同材质，按施工、养护和操作的条件，使用适合的清洁、护理用品，采用合适的施工工艺，对汽车进行外部与内部清洁、护理的过程，包括清洗、漆面翻新、漆膜损伤处理、漆面保护等维护项目。

▶ **1. 为什么要做汽车美容？**

汽车车身的工作环境复杂，受风吹、日晒和雨淋等各种气候条件的影响。此外，汽车在行驶中经常接触酸、碱、盐等腐蚀性物质，飞驰的沙尘形成的摩擦力，酸雨、氧化物、紫外线、不当洗车等因素，会严重影响汽车的美观与驾驶的心情。同时，黏附到汽车上的脏污还会影响车辆正常使用。

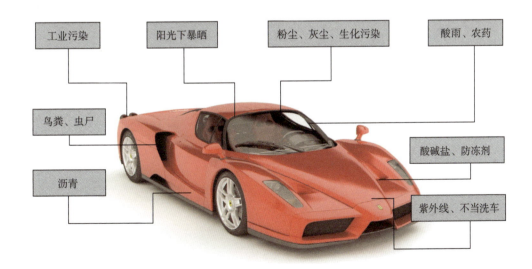

"爱美之心，人皆有之"，美丽的容貌可以使人精神愉悦，获得心灵上的满足。汽车的外观显示了车主的个性、爱好、修养与价值观。要让自己驾驶的心情愉悦，汽车的清洁与美容很重要。汽车美容可以延长汽车使用寿命，防止车漆龟裂硬化和脱色，使其美观并保值；汽车装饰可使爱车美观亮丽，体现车主品位与身份。

▶ 2. 汽车漆膜损伤原因

损伤原因	说明
紫外线	长期的阳光照射会使汽车的漆面产生氧化，出现失光、异色、斑点，甚至龟裂等漆面问题
缺乏保养	随着使用时间的延长，漆面损伤是客观存在的，没有定期及时保养，就会加重汽车漆面的失光、损伤现象
自然老化	漆面受到雨水、风沙等的冲击、吹打、沥青、虫尸、鸟粪等的侵害，以及酸碱、大气污染、紫外线的侵蚀等，都会造成漆面的老化、失光。漆面自然老化失光的划痕比较细微，斑点也较小，但是一到光线较好的环境（比如阳光的照射）下就会变得十分明显，导致漆面光泽受影响
洗车不当及室外漆面抛光打蜡	洗车实际上对人员的素质、专业性技术的要求较高，采用碱性较强的清洗剂、水枪水压大于7MPa、大风天气下室外洗车、洗车用力过猛、洗车用具夹带砂粒，以及在室外进行不规范的抛光打蜡等，都会对漆面造成伤害，甚至导致失光
使用掸灰器具拂拭车身	掸灰器具拂拭车身上的灰尘时，由于掸灰器具里面会夹带沙尘，这就好像用砂纸不断摩擦汽车的漆面，会在漆面上制造出许多细微的划痕，久而久之造成漆面失光
雨水	雨水中含有二氧化硫、二氧化碳、盐分及其他有害物质，会对漆面持续造成侵害
其他因素	汽车在运行过程中也会受到其他外界因素的伤害，如车漆被硬物等划伤和擦伤、鸟粪和树胶等黏附于漆面而造成伤害

▶ 3. 汽车美容的类别

汽车美容分为汽车美容护理和汽车专业美容。汽车美容护理指汽车冲洗、打蜡、去渍、除臭、吸尘及车内外的清洁服务等常规汽车美容护理作业。汽车专业美容指对发动机、底盘等进行专业清洁与护理。

汽车美容护理分为外部美容和内部美容。汽车外部美容是指对汽车外表面、轮胎、玻璃等部位进行清洁和保养，包括车身清洗、涂膜污物、划痕、涂膜缺陷的美容处理，涂膜损伤的喷涂修复，玻璃的清洁，玻璃的防雾保养，玻璃划痕、裂纹等损伤的修复，车身各种外部装饰件的美容处理。

汽车内部美容包括对车内室的仪表板、车门内饰板、顶篷、地板、座椅等内饰的清洁保养，驾驶室杀菌消毒处理，内饰改色，真皮座椅等内饰件损伤的修复。

汽车专业美容包括发动机清洁保养、发动机相关系统的检查和护理、发动机相关系统的免拆清洗和保养；车轮翻新、车轮动平衡检查、制动器等底盘系统的检查和护理、底盘防腐蚀处理、变速器免拆清洗和保养等。

4. 普通洗车与汽车美容的差异

（1）普通洗车

普通洗车只是清理车身上的泥土、灰尘等污物，基本上不需要特别的清洗设备，清洗材料常用洗涤精充当洗车液，普通毛巾充当擦车巾，没有专业的工作场所，用的水源也不符合要求。

普通洗车人员往往没有接受过汽车美容方面的专业培训，缺少汽车美容的专业知识。

普通洗车在马路边、停车场、居民区等随地进行，不仅污水横流影响环境，还妨害交通。

（2）汽车美容

汽车美容除了要保证车辆的清洁外，更要突出汽车美容养护的先进理念，为车辆提供安全、精细化的全方位服务。除了常规洗车项目外，汽车美容还涉及发动机内外养护、底盘部分的养护、汽车电器部分的养护等。

汽车美容应具备干净整洁的工作室，有合理规范的操作工艺标准与工作程序，同时还可以为客户提供更舒适的服务。

汽车美容有专业的美容设备和材料，并且所有用品都是安全环保的，不会对人和环境产生危害和污染；能够针对不同的车身材质使用专用养护用品对车辆进行全方位的美容护理。

汽车美容要求从业者经过严格、正规的培训。

注意： 传统的普通洗车操作或是不专业的洗车不是在保养车辆，而是在间接地损坏车辆。

1.2 汽车美容作业的范围

▶ **1. 汽车美容护理的项目**

根据汽车美容护理的实际程度，一般将汽车美容护理项目分为护理性美容和修复性美容。

（1）汽车护理性美容作业项目

内室护理包括汽车内室清洁与护理、汽车内室空气污染的防治、汽车内室噪声污染防治等，汽车内室污染源如下所示。

(2) 汽车修复性美容作业项目

漆面斑点处理
漆面划痕处理
涂层局部修补
漆面龟裂、起泡等病态处理
涂层整体翻修

汽车修复性美容作业项目包括漆脂病态处理、漆面划痕处理、漆面斑点处理、涂层局部修补及涂层整体翻修。

▶ 2. 汽车专业美容的项目

汽车专业美容与一般的洗车擦车、打蜡上光等有着本质区别，通常来说，汽车专业美容包括如下项目：
① 整车全面清洗
② 油污、污物的清洗处理
③ 尘粒、桔皮等漆膜缺陷的砂平处理
④ 漆膜粗研磨处理
⑤ 漆膜细磨抛光处理
⑥ 漆膜增艳处理
⑦ 漆膜抗氧化保护处理
⑧ 漆面持久保护层处理
⑨ 漆膜镜面处理
⑩ 轮毂、轮胎、保险杠、底盘等的保养护理
⑪ 车室内各部位及主要配置的保养护理
⑫ 发动机系统的保养护理

1.3 个人安全防护措施

在进行专业洗车工作时,连体服是最理想的工作服。工作服要求无材质较硬的腰带,纽扣尽量不要外露,以免划伤车漆;工作鞋应穿防水的长靴。如果没有工作服,也可以穿戴带有塑料涂层的围裙。

洗车的注意事项

洗车时不要戴手表和饰品,特别是金属类、宝石类的饰品,也不要携带钱包链、钥匙等物品,这些物品很容易掉落刮碰车漆。洗车作业时应将这些物品摘掉。

为避免意外刮伤汽车的漆面,不要穿戴带有金属质地装饰物的衣服,特别是外露的皮带扣、上衣的纽扣容易刮伤汽车漆面。

第 2 章 汽车美容工具设备和用品

2.1 汽车常用美容工具设备

选择合适的汽车美容工具、使用好工具，对车辆的美容来说是很关键的。汽车美容看上去比较简单，但是要求其实挺高。常用的汽车美容工具有清洁用具、擦洗用具、护理用具、专用工具等几类，以下为常用汽车美容工具设备的介绍。

（1）麂皮毛巾
用于车身打蜡后将蜡抛出光泽，麂皮毛巾具有柔软、耐磨和防静电的特点。实际操作时，将麂皮经清水浸湿后再拧干，半湿麂皮能更好地擦净车身表面的水痕。

（2）洗车毛巾
半湿性大毛巾用于车身表面大区域的手工清洗或擦拭、门边污垢和车身边沿处泥沙的擦洗。半湿性小毛巾用于车身表面小区域的手工清洗或擦拭。干性大毛巾和小毛巾可用来擦拭车身的水渍，使车身表面更加干净。

（3）清洗手套
清洗手套有软海绵、仿羊毛和纯羊毛三种，具有防水、保暖功能。使用时，要注意分清不同的手套所对应的清洗部位，不能混用，防止在用清洗手套擦拭清洗液时划伤漆面。

(4) 洗车海绵

洗车海绵具有柔软、弹性好、吸水性强和较好的藏土能力等特点,可分为粗海绵和软海绵。粗海绵通常用于去除较大的污垢或清洗轮胎;软海绵通常用于汽车车身的清洗,有利于保护车漆和提高作业效率。

(5) 毛刷

硬毛刷主要用于清洗轮胎或钢圈等。软毛刷主要用于清洗车身,特别是大、中型客车的中上部,以及小轿车顶部的清洗、擦拭。**注意:毛刷用完后一定要及时清除毛刷内的溶剂和砂粒。**

(6) 洗车套装

主要用于家庭自助式洗车,包括水桶、毛巾、毛刷、刮水橡胶板等,是家庭洗车的首选工具,使用比较方便。

(7) 吹风枪

在车辆外部清洗中,需用吹风枪吹干车表缝隙里的多余水分,特别是玻璃胶条、门外拉手、后视镜、前后保险杠接缝和车身外饰部件周围的水分。在使用吹风枪时,应一边吹一边用干净的毛巾将流出来的水渍擦除。

(8) 专用脱水机

脱水机一般用于汽车内饰物和脚踏垫的清洗、脱水。使用该设备时要注意安全。车上的座椅套、可拆式地毯和脚垫等织物容易弄脏,每隔一段时间应取下清洗,彻底去除灰尘、污渍,杀灭滋生的细菌。

(9) 高效多功能洗衣机

汽车上的座椅套、头枕套等织物极易弄脏,每隔一段时间都要进行清洗。汽车美容店使用的洗衣机要求能清洗较大重量的织物,而且必须是清洗、烘干和免烫三合一的高效多功能洗衣机,这样才能在完成汽车美容的同时完成各种织物的清洗和烘干,不会影响交车时间。

(10) 吸尘器

车室内容易积聚大量的灰尘，特别是座椅的皱褶和车室的角落等部位的灰尘极难清除，吸尘器是汽车美容车间必备的设备。

(11) 固定式电脑洗车机

洗车机不动，汽车由机械牵引或自行缓慢通过洗车机的工作区域。洗车机通过各种检测设备反馈的信息，按照相应的指令程序自动运行，对汽车进行清洗。

(12) 移动式电脑洗车机

汽车不动，洗车机按照一定的程序在导轨上来回移动，同时执行洗车指令。移动式电脑洗车机包括龙门往复式洗车机、大(中、小)型移动式洗车机等。

(13) 高压清洗机

高压清洗机的输出水压约为 10MPa，因此大部分的顽垢，如黏附在车上的虫尸、鸟粪及黏附在悬架、底盘、轮胎及轮毂上的泥垢都可以轻易去除。

(14) 泡沫清洗机

泡沫清洗机是汽车美容清洁使用的主要设备之一，它与高压清洗机的不同之处在于它输出的水不但可以增压（输出压力为 0.1～0.5MPa），还加入了专用的清洗剂，再通过空气压缩机使清洗剂泡沫化，然后从泡沫喷枪喷出。它能将泡沫状的清洗液均匀地涂敷于车身外表，从而起到极佳的除尘和去油污的作用。

(15) 蒸汽清洗机

目前，蒸汽清洗机有电热式和燃气式蒸汽一体机两种，这两种蒸汽清洗机既可以对车辆进行外表清洗，又可以对汽车内室进行清洗和高温杀菌消毒、去除异味。电热式蒸汽清洗机体积小巧，使用比较方便灵活；燃气式蒸汽一体机体积较大，移动不灵活，但蒸汽量大、压力高。

（16）电动抛光机

电动抛光机是一种集研磨和抛光于一体的设备，安装研磨盘时可进行研磨作业，安装抛光盘时可进行抛光作业。汽车表面经喷涂之后，漆面可能会出现粗粒、砂纸痕、流痕、反白、桔皮等细小缺陷。漆面经过抛光处理，可提高漆膜的效果，达到光亮、平滑、艳丽的要求。

（17）空气压缩机

空气压缩机是汽车美容店不可缺少的重要设备。它不仅可为轮胎充气，还可为泡沫清洗机和轮胎拆装机等提供气源；同时也为车辆外部清洗后吹干车身水迹提供工作气源。空气压缩机有活塞式空气压缩机和螺杆式空气压缩机两种。

2.2 汽车美容用品

（1）脱蜡洗车液

脱蜡洗车液是目前国内外汽车美容行业中广泛采用的一种有机清洗剂，是新车开蜡和用车后重新打蜡前洗车的首选洗车液。它主要用来去除车身表面的石蜡、油脂、硅酮抛光剂、污垢、橡胶加工助剂以及手印等。采用脱蜡洗车液后，汽车必须重新打蜡，否则会加速车漆老化。

（2）不脱蜡洗车液

不脱蜡洗车液由多种表面活性剂配置而成，具有很强的浸润和分散能力。它能有效去除车身表面的灰尘、油污，但又不会洗掉汽车表面原有的车蜡，防止交通膜的形成，保护车身不受各类有害物质的侵蚀，保持漆面原有光泽。采用不脱蜡洗车液洗车后不需要重新给汽车打蜡。

（3）增光洗车液

增光洗车液是不脱蜡洗车液的一种，也称为洗车水蜡，但性能更优于普通的不脱蜡洗车液，是集清洗、上蜡、增光于一身的一种超浓缩洗车液。使用增光洗车液，能在车漆表面形成一层高透明的蜡质保护膜，令漆面光洁亮丽，给人一种焕然一新的感觉。

（4）轮毂清洁剂

一般清洁剂属于酸性物质，较容易损伤轮毂的金属层，专用的轮毂清洁剂不含腐蚀剂，也不含酸性物质，而且清洗功能极强。将它喷到轮毂表层后，油泥会随清洁剂自动往下流，只需用布轻轻擦干即可恢复金属或塑料的原有光泽。

（5）轮胎清洁剂

轮胎清洁剂为强碱型清洁剂。对带有白线圈的轮胎清洗效果尤其明显，用它清洗过的白线圈如同新的一样。

（6）玻璃清洗剂

玻璃清洗剂主要用于去除汽车玻璃上积累的白色雾状膜和油脂、污渍，同时可有效地去除鸟粪、油泥及尘土。清洗后干燥快，也可用于电镀件、内饰（地毯、座椅）等的清洗。为了保证冬季使用，汽车风窗玻璃清洗剂必须防冻。

（7）洗车香波

洗车香波将清洁与打蜡合二为一，具有除油污、去静电、护理上蜡膜、上光的作用，其性质温和，有香味，具有不破坏蜡膜、不腐蚀漆面、液体浓缩、泡沫丰富、使用成本低的特点适用于各种车型的车身漆面。

使用方法：用适量净水稀释，将洗车香波喷洒或抹在车身的漆面进行涂抹清洗，再用干布擦净。

（8）化纤清洗剂

化纤清洗剂适用于去除车内地毯、座椅套等化纤制品上的油污、果汁、血渍等顽垢，具有良好的清洗效果，不会伤害化纤制品。使用时，先将液体倒入稀释桶中，按说明指示的比例注水，然后用毛巾蘸取水中的泡沫清洗脏处，再用干净毛巾擦净即可。

（9）皮革保护剂

皮革保护剂也叫"皮塑保护剂"，有上光、软化、抗磨、抗老化等作用，适用于皮革座椅、仪表台、方向盘、车门内侧以及塑料保险杠等。使用时，将皮革保护剂均匀喷洒于皮塑表面，用毛巾轻擦几下即可。如果皮塑表面过脏，应当先用清洗剂清洁表面后再使用皮革保护剂。经过皮革保护剂处理后的皮塑制品，可达到翻新效果。**注意：皮革保护剂在不用时应避光保存**

（10）化纤保护剂

化纤保护剂用于化纤制品的表面清洁，起清洁、抗紫外线、抗老化和抗腐蚀等作用。化纤保护剂含有硅酮树脂，在清洗去污的同时还能起到防紫外线、防老化、防腐蚀等作用。使用时，应将化纤保护剂喷洒在化纤制品表面，然后用毛刷刷洗或用毛巾擦洗，晾干即可。

（11）橡胶保护剂

橡胶保护剂喷涂在橡胶或塑料上，有防止橡胶或塑料氧化和抗老化作用，从而起到保护作用。

（12）轮胎上光保护剂

轮胎上光保护剂（也称轮胎光亮剂）用于轮胎表面，起清洁、上光和抗老化等作用。轮胎上光保护剂内含有聚合油脂，可恢复轮胎表面自然光泽。按轮胎上光保护剂的功能不同，可分为两种：

①以清洗功能为主的保护剂，在达到清洗目的的同时，对轮胎有增黑、上光作用，产品中所含的硅酮树脂（上光）对橡胶具有保护作用。

②以上光功能为主的保护剂，没有清洗功能，但上光功能很强，喷上后不用擦，数分钟后轮胎光亮如新。

这两种轮胎上光保护剂可以同时使用，前者清洗，后者上光。单独使用轮胎上光保护剂时，应先将轮胎表面清洗干净，待其干燥后将轮胎上光保护剂喷涂在轮胎的表面，然后擦掉多余的保护剂，等到晾干后即可。

（13）多功能防锈剂

多功能防锈剂主要用于金属表面，起除锈和防锈作用。

防锈剂对不同金属材质的设备有很好的防锈蚀、防腐蚀作用，有优越的避水性，对塑料无任何腐蚀。多功能防锈剂也可用于漆面、橡胶及塑料表面，是发动机表面及汽车底盘的理想保护用品。

（14）车用空气清新剂

车用空气清新剂又称"环境香水"，是目前净化车内空气环境，提高空气质量最常见的用品。车用空气清新剂事实上并没有将车内的异味清除，仅仅是用一种讨人喜欢的香型将异味掩盖而已。

（15）表板蜡

表板蜡是一种专门针对汽车皮革饰件、仪表等部件的养护用品，能有效防止仪表板、车内饰件老化，同时具有去污、防静电作用。

（16）真皮保护剂

真皮保护剂主要用于车内皮革制品的清洁与护理。真皮保护剂在清除污垢的同时能在皮革制品表面形成一层保护膜，起到抗老化、防水、防静电的作用，延长皮革制品的使用寿命。在使用时把真皮清洁干净后喷涂，20～50min即能达到效果，用量为$25mL/m^2$。采用真皮保护剂处理过的物品不能用清洁剂洗涤，有污迹只需用湿布轻抹即可去除，可以吹风烘干。

（17）底盘装甲

底盘装甲的学名是汽车底盘防撞防锈隔音涂层，是一种黏附性的橡胶沥青涂层。它具有无毒、高遮盖率、高附着性等特点，可喷涂在车辆底盘、轮毂、燃油箱、汽车下围板、行李箱等暴露部位。底盘装甲在快速干燥后形成一层牢固的弹性保护层，可抵挡飞石和沙砾的撞击，避免潮气、酸雨、盐分对车辆底盘金属的侵蚀，防止底盘生锈和锈蚀。

（18）塑胶保护剂

塑胶保护剂也称橡塑件保护剂，主要用于塑料及橡胶制品的清洁与护理，清除污垢的同时能在塑胶制品表面形成一层保护膜，具有翻新效果与润滑作用，也能对汽车上的许多部件进行润滑保养，减少部件磨损。适用于车门窗密封条、车窗玻璃、后视镜、保险杠等部件的清洁保养。

（19）多功能电镀抛光剂

多功能电镀抛光剂能去除污染物、氧化层和微小划痕，防腐因子能在清洁的同时去除金属电镀部件表面发乌的氧化层，还原光泽，并形成防锈防腐保护膜。它适用于轮眉、轮毂与金属饰条的清洁保养。使用方法：清洗待处理金属表面后晾干，将多功能电镀抛光剂适量倒在干净的软毛巾上，轻轻地摩擦物品表面，直至出现黑垢，继续抛光去除氧化层，然后用干净的软毛巾擦去黑垢，抛光即可。一次抛光一小块区域。

（20）玻璃抛光剂

玻璃抛光剂用于抛光磨砂玻璃，加强玻璃的无手印效果。手感光滑，颗粒感可以随意由操作时间而调整。抛光工艺简单、易操作，在使用时要根据实际玻璃硬度确定抛光时间，最后用足量的清水彻底清洗玻璃表面即可。

（21）玻璃防雾剂

玻璃防雾剂含有纳米有机活性剂，适用于前风窗玻璃和倒车镜防雾。用干净毛巾、纸巾蘸取玻璃防雾剂均匀地擦拭雾气产生处，即可起防雾作用。经防雾剂处理过的玻璃表面有一层超亲水纳米膜，使雾气与之接触后形成低冰点混合物，从而防止结雾。

（22）多功能内饰光亮剂

多功能内饰光亮剂不仅可对化纤、皮革、塑料等不同材料的内饰物品进行清洗，还可起到上光、保护、杀菌等作用。使用很方便，只要一喷一抹，即可使内饰光洁如新，增加光泽，并有防止内饰部件老化、龟裂及褪色的功效。

（23）车蜡

车蜡是常见的汽车漆面保养剂，按车蜡的形态，可分为固态蜡、糊状蜡、液态蜡三种。车蜡以天然蜡或合成蜡为主要成分，通过渗透到漆面的缝隙中使表面平整而起到增加光亮度的效果。传统汽车打蜡以上光保护为主。

（24）抛光研磨剂

1）抛光中蜡。抛光中蜡所含的油分在漆面抛光时渗入漆内，补充漆面失去的油分，起到护理增亮的作用，也叫中度抛光剂，能有效地去除1200号砂纸的砂痕、其他未伤底漆的重度划痕和严重氧化层。

2）抛光粗蜡。抛光粗蜡含有细小的颗粒，可以去除深度氧化层和轻微划痕及喷漆时出现的麻点和垂流，是一种配合抛光机使用的研磨剂。它能有效地清除1000号砂纸的砂痕、中等程度划痕、中等程度氧化层和水斑。

3）镜面还原剂。镜面还原剂是用途最多的专业漆面研磨剂，它能安全、有效地清除1200号砂纸的砂痕，甚至更细小的砂石擦痕，以及其他细小擦划痕、中等程度氧化层、粗糙的螺纹斑或水斑，手工使用效果特别出色。

4）划痕蜡。划痕蜡采用人工抛光或用双向振抛机施工来去除细微划痕和螺旋纹，可以清除漆面的污垢、氧化层和瑕疵，提高漆面的光彩和通透度，具有去除氧化层和上蜡的双重功效。划痕蜡用于抛光的最后一道工序，可用手工来完成，弥补机器抛光不均产生的光环等现象，有增艳效果，又称增艳剂。

第 3 章 汽车外部清洗

3.1 汽车外部清洗的类型

汽车外部清洗指车身顶部清洗、车身侧窗和前后风窗清洗、车身侧护面和前后护面清洗和车身底部清洗等，具体项目包括一般性清洗、新车开蜡清洗、除蜡清洗、车表顽固污渍清洗、车身交通膜去除清洗等。

汽车外部清洗
- 一般性清洗
- 新车开蜡清洗
- 除蜡清洗
- 车表顽固污渍的清洗
- 车身交通膜去除清洗
- 车身静电去除清洗
- 增艳清洗

注意事项

洗车时需要注意天气条件与环境条件，尽量选择在汽车专用洗车场所内清洗，不要在沙土扬尘的地方洗车。洗车的最佳天气是阴天，不能在阳光暴晒下洗车。环境温度过高时，因为来不及擦干，洗车液会有部分残留在车身上，这些残留的洗车液会变成斑点。打蜡时，如果温度过高，车蜡的黏着性能会下降。

洗车时应选择专用的洗车液。在外部清洗中，基本上都使用PH值为6.5～7.5的专业中性洗车液。**注意：** 不要使用洗洁精、洗涤灵代替洗车液，即使这些物品是中性的。洗洁精、洗涤灵会将车蜡一起清除掉，使车漆失去保护，造成车漆老化加快，还会腐蚀汽车的橡胶条，使之失去光泽、弹性，甚至产生龟裂。

3.2 汽车清洗方法

▶ 1. 汽车清洗时机的选择

（1）依天气来判断

①连续晴天时：一周做一次全车清洗工作即可。

②连续雨天时：用清水将全车污物冲掉，用湿毛巾将玻璃擦拭干净即可。

③忽晴忽雨时：只能勤洗车辆。

（2）依行驶的路况来判断

①行驶在工地或行经工地时，容易溅起水泥。此时应立即清洗，以免水泥在车身上附着久了会伤及漆面。

②行驶在海岸有露水或有雾的区域时，因水汽中的盐分腐蚀车身，应立即清洗。

③行驶在山区有露水或有雾的区域时，使用湿毛巾或湿布擦拭干净即可。

（3）特殊情形

如停车或行驶时受施工工程影响，车身附着水泥粉尘、油漆、沥青等，除应立即用清水清洗外，还应对油漆、沥青类污物进行清洗，并进行打蜡。

▶ 2. 洗车施工项目

	施工项目	材料/工具准备	注意事项
1	清洗轮毂及备胎	清洗机、专用海绵、轮毂清洁剂	除沥青粒、油脂及污垢
2	清洗四门内柱	清洗机、清洗剂、长柄毛刷	除污、除油
3	清洗轮舱、底盘	清洗机	清除泥沙
4	清洗车身外表	清洗机、洗车海绵、软性清洁剂	清洁车身、去除污染物
5	干燥处理	吹风枪、纳米毛巾	去除水分
6	A、B、C柱清洁	软性清洁剂、专用海绵、水桶、吸水布	除污
7	仪表板清洁	多功能泡沫清洁剂、专用海绵、水桶、吸水布、吹风枪	除污、除尘
8	座椅清洁	软性清洁剂、专用海绵、水桶、吸水布、皮革油、棉纸布、长毛刷	除污、保养
9	车门板清洁	软性清洁剂、专用海绵、水桶、吸水布	除污
10	地毯、脚踏垫清洁	吸尘器、软性清洁剂、专用海绵、水桶、吸水布	清洁、除尘、除油脂
11	行李舱清洁	吸尘器、软性清洁剂、专用海绵、水桶、吸水布	清洁、除尘、除油脂
12	玻璃清洁	玻璃清洁剂、无纺布	光亮、洁净
13	轮胎、轮毂保养	轮胎上光剂、软性清洁剂、棉纸布、专用毛刷	均匀、干净
14	检查、交车	吹风枪、棉纸布、检核表	服务项目逐一检查

▶ 3. 洗车准备工作

仔细检查车身是否有掉漆、划伤或其他异状，如果状况明显，应提示顾客，做好相应记录，由顾客签字确认。

检查车窗玻璃（包括天窗）是否关闭，以免冲洗车身时将水喷到车内。

3.3 专业美容快速洗车流程

(1) 将脚垫从车内取出

注意：轻拿轻放，不能让脚垫的泥沙等脏物掉进车内。

(2) 车身打湿

使用洗车水枪喷刷汽车的表面，原则上是从顶部开始到底部结束。同步依次喷淋车顶、后风窗玻璃、行李舱盖、后保险杠、后翼子板、后轮、后门、前门、前风窗玻璃、发动机舱盖、前翼子板、前中网，打湿即可。冲淋过程始终由一个方向向另一边的斜下方冲洗，避免正向或反向冲洗。

喷刷时应针对不同冲洗部位调整喷水压力，首先以低压雾状水喷洒车顶，其次用中压发散状水冲洗车身中部和下裙，最后以高压线状冲洗轮胎内衬垫和车身底部。

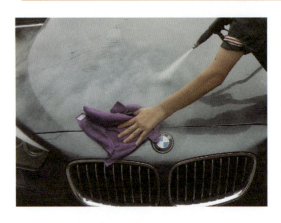

(3) 清洗牌照板内部隐藏污垢

当车辆冲洗干净后，要将安装车牌的位置与车牌仔细清洗干净。

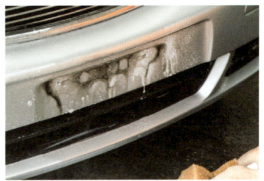

(4) 清洗驾驶舱门边与门框内侧污垢

打开车门,先用清洗液喷洒在车门侧边的脏污上使之溶解,然后使用毛刷耐心地刷洗。刷洗的位置包括车身的A柱、B柱、行李舱的水槽、发动机舱两侧前风窗玻璃的下部水槽等。

(5) 清洗行李舱内侧污垢

打开行李舱,先用清洗液喷洒在行李舱侧边的脏污上使之溶解,然后使用毛刷耐心地刷洗干净。刷洗的位置包括尾灯的上部、行李舱盖内部侧边的泥污、车标、字标等,然后使用水枪冲洗干净。

（6）清洗发动机舱内侧污垢

打开发动机舱盖，先用清洗液喷洒在前翼子板两边内侧的脏污上使之溶解，包括发动机舱盖的四边，然后使用毛刷耐心地刷洗干净。**注意**：冲洗时不要损坏发动机舱盖上面的隔热棉。

（7）喷洒预洗液

在车身外表均匀喷洒预洗液，同步依次喷淋前中网、发动机舱盖、前翼子板、前风窗玻璃、车顶、前门、后门、后风窗玻璃、后翼子板、行李舱盖、后保险杠等。

(8) 高压水枪冲洗、脚垫清洗

水枪喷出的水柱与冲洗面成45°夹角。冲洗顺序：依次从车顶→后风窗玻璃→行李舱盖→左后翼子板→左后轮舱→左后车门→后保险杠→右后翼子板→右后轮舱→右后车门→右前车门→右倒车镜→前风窗玻璃→发动机舱盖→右前翼子板→右前轮舱→前保险杠中网→左前翼子板→左前轮舱→左倒车镜→左前车门。

注意：着重冲洗前中网、轮舱、底盘上的泥沙，尽量减少水的飞溅，重点冲洗部位在腰线以下。冲洗轮舱时，应适当调整水枪的冲力，然后把枪头伸进轮舱部位，彻底冲洗存留在轮舱上的污垢。用干洗枪或清洗枪将脚垫清洗干净。

(9) 喷洗车香波

打开泡沫清洗机进气阀门，等气压上升至规定压力，打开出气阀门，控制好气管开关开度。用高效泡沫枪将洗车香波均匀地喷洒到车身上。

注意：有些中性洗车溶液对车辆也会有腐蚀作用，在选用时应细心选择。右图为是不同品牌中性溶液的腐蚀性试验结果。

（10）用海绵全车擦拭

车身擦洗基本上分上、中、下三大区。每个区域用不同的擦洗海绵或洗车手套。海绵或手套要放置在不同的盛液容器中，擦洗时要不断清洗海绵或手套，以免损伤漆面。擦洗顺序：发动机舱盖→中网→前保险杠→前翼子板→倒车镜→A柱前风窗玻璃→前车顶→前门→后车顶→后门→后翼子板→后风窗玻璃→行李舱盖→后保险杠。

用海绵A擦拭前后保险杠、前后翼子板、前后车门，都擦拭到2/3之处，留1/3，再用海绵B由前到后擦拭前后保险杠、前后翼子板、前后车门，海绵A剩下的1/3和轮毂。

（11）弱水冲洗

冲洗顺序：从上到下，向一个方向冲洗。注意：冲洗时用发散状水柱喷洗，除底部外不宜用束状水柱冲洗，以免损伤涂层。

（12）使用大毛巾擦干

首先，用半湿性大毛巾从发动机舱盖到行李舱盖，两人拉着毛巾进行擦拭。其次，用大、小半湿性毛巾擦拭车身及外饰件等。最后，用大、小干毛巾擦拭车身。车身擦干顺序为从车顶部到底部，从车外到车内。在擦拭过程中要不断清洗毛巾，防止毛巾上泥沙损伤漆面。

车身擦拭最容易遗漏的地方是发动机舱盖内侧和行李舱盖内侧。擦拭过的毛巾要及时清洗风干，以便下次使用。

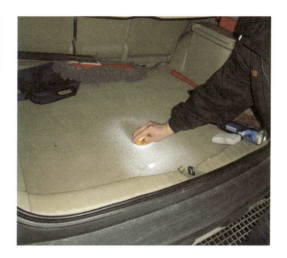

（13）车辆外部吹水

有些车身缝隙使用毛巾是擦不到里面水渍的，需要用吹风枪来吹干。操作时，可一手拿着吹风枪吹，一手拿着干净毛巾擦拭，直到吹干为止，然后就可进行车身打蜡或研磨抛光工作。吹干顺序为从车顶到车身中部，再到车底部。**注意**：要将车身缝隙处和车身饰件等处吹干，重点为前后保险杠、门把手、倒车镜的缝隙。

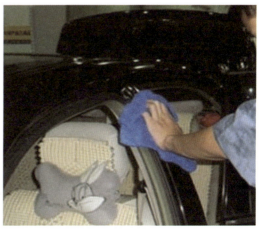

（14）擦门边框、内饰

将车门打开，把门边框擦拭干净，再将内饰依次从前往后擦拭干净。

要求：无积尘、无手印、地毯边无鞋印，无明显积垢。

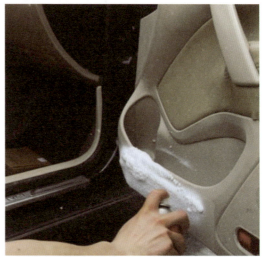

（15）吸尘、脚垫归位、轮胎上光

① 用专业汽车吸尘器或便携式吸尘器对驾驶舱和行李舱进行吸尘。先从车门内饰板、仪表板和座椅开始，再到车底部踏板。

② 车辆清洗吹干后，还要对轮胎进行上光处理。轮胎上光可用手持式喷剂，也可用毛刷或海绵蘸取液态的光亮剂，对轮胎侧面进行上光。**注意**：上光剂不能用得太多，对于流到钢圈上的上光剂要进行清除，防止影响钢圈的美观。

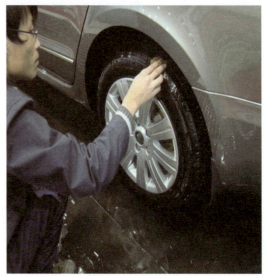

（16）车表顽渍清除

车身表面的顽渍可用如下方法去除：

①使用柏油去除清洗剂清除，它不会对漆面造成损伤。

②使用有机溶剂清除。如含有醇类、苯类的有机溶剂和松节油等，一般用有机溶剂浸润后，擦拭清除顽渍。

③使用抛光机清除。使用抛光机清除时可加入适当的研磨剂，也能有效地去除附着在车表的沥青、焦油等顽固污渍。但操作时应注意抛光的转速和抛光盘的材质，避免抛光过度。

（17）检查、交车

车辆清洗全部完成后对车辆进行检查，确认干净后交车，并对工作现场进行清理，将设备与工具整理好。

3.4 轮毂、轮胎清洗方法

步骤一、首先用水将轮胎与轮毂清洗一遍，去除上面的泥沙与残留物。将铁粉去除剂喷洒在轮毂的表面溶解上面的铁粉和氧化层。

步骤二、喷洒清洗剂，等待清洗剂溶解约1min后，喷洒第二遍清洗剂，同时使用毛刷或专用汽车轮毂清洗刷进行刷洗。注意：要将轮毂整个进行刷洗，不要有遗漏的地方。完成后再使用板刷刷洗轮胎。

步骤三、当轮毂刷洗完成后使用水枪将清洗剂与刷洗出的污渍冲洗干净，最后用毛巾擦拭干净。

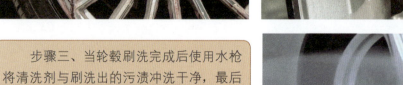

注意事项

① 当轮毂表面有难以清除的污渍时,应当选用中性清洗剂。轮毂本身就有一层金属保护膜,在清洗时注意不要使用油漆光亮剂。

② 当轮毂温度较高时不能用冷水清洗,否则容易引起轮毂受损和变形,会影响车辆的制动与正常使用。

③ 清洗轮毂时不能使用铁刷或过硬的刷子刷洗轮毂,容易损伤轮毂的表面。轮毂上有难以清除的沥青时应使用沥青清洗剂去除。

④ 车辆所在区域为潮湿的地区或临海区域,轮毂应经常清洗,防止盐分对轮毂铝合金表面造成腐蚀。

3.5 不锈钢件、电镀件的清洁护理

汽车外部有许多部件,如保险杠、车徽标、发动机通风栅格、倒车镜架、车身装饰条、拉杆天线等广泛采用不锈钢件和电镀的部件。对不锈钢件和电镀件表面最有害的是空气中的硫化气体、水分(或潮气)和海滨地区空气中的盐分。这些腐蚀性物质附着在不锈钢件和电镀件的表面,久而久之就会造成不锈钢件和电镀件表面因腐蚀而生锈、失光,影响其装饰效果。因此应对车身不锈钢件和电镀件进行例行保养。当不锈钢件和电镀件在日常使用过程中大面积甚至全部失光时,须对其进行上光保护翻新。

(1) 清洁方法

① 采用不锈钢上光护理剂或镀铬抛光剂。首先对金属表面进行彻底清洗,擦干后,轻轻将不锈钢上光护理剂或镀铬抛光剂摇晃均匀,用纯棉软布蘸少许,对需要抛光的部位进行反复擦拭,直至金属表面重现光泽为止,然后用清水冲洗干净。如果金属表面锈蚀严重,应先使用除锈剂进行除锈,然后再使用以上方法。

▲ 使用不锈钢上光护理剂

②采用美容黏土。当金属表面通过上光无法恢复其原有光泽时，可以使用美容黏土进行清洁护理。不锈钢件、电镀件表面不光滑、失去光泽是因为其表面黏附有金属氧化物、灰尘颗粒以及其他氧化物颗粒。清洁护理时，将美容黏土揉捏成零件表面的形状，在需要清洁的表面反复擦拭，使金属氧化物、锈迹颗粒等卷入黏土中，直至金属表面光亮如新为止。

▲ 美容黏土使用方法

（2）作业前准备

①电镀件除锈保护剂：能有效除锈、防氧化。

②不锈钢上光护理剂或镀铬抛光剂：用于不锈钢件、镀铬件及铝制件的抛光与翻新。

（3）施工方法

①清除污垢。

②用毛巾擦干水迹。如果发现在镀铬层损伤处有锈痕，可小心地将除锈剂撒在柔软的法兰绒上，再蘸上氨水或松节油将其拭去，然后用透明漆涂覆，以防锈蚀进一步扩展。

③将不锈钢上光护理剂或镀铬抛光剂涂到污垢表面，然后用柔软干净的抹布将斑痕或黏附物擦拭干净，并将用电镀件除锈保护剂涂在镀铬件表面。在没有镀铬抛光剂的情况下，可用蘸了汽油的抹布清洁污垢，然后用湿抹布擦净，最后用柔软干净的抹布把表面擦干。

④用毛巾反复擦拭，直到镀铬件表面完全被擦亮为止。冬季使用或存放汽车时，可在镀铬件上涂上工业凡士林，经过3～4个月之后再重新涂一遍，可助于保护镀铬件。

注意事项

① 不锈钢件、电镀件在清洁护理前首先要进行彻底清洗，如果清洗不干净，可以使用美容黏土进行清洁。
② 如果在使用中不慎将清洗剂溅入眼中，应立即用清水清洗并就医。
③ 不锈钢上光护理剂应避光通风保存，避免暴晒。

3.6 沥青的去除与清洗

①漆面清洗和干燥。整车清洗完后，将车身水渍去除并擦干。
②喷洒沥青去除剂。使用沥青去除剂均匀喷洒在车身下半部分。

③沥青软化。等待 30s 后沥青软化，沥青颗粒较多的部位可重复喷洒沥青清洁剂。

④沥青去除。使用干净的湿毛巾，对软化后的沥青进行擦拭。擦拭力度应适中，以免造成划痕。

⑤冲洗。将施工后的部位用高压水枪冲洗干净并擦干。

注意事项

① 施工前车身需保持干燥。

② 均匀喷洒沥青去除剂，等待 30s 后即轻轻进行擦拭，不宜全车身喷洒。

③ 禁止自行添加任何溶剂及水。

④ 沥青去除剂不可与去污泥的产品同时使用。

⑤ 不可使用在塑胶或亚克力材质部件表面上。

⑥ 不可使沥青去除剂长时间停留在漆面，防止对漆面造成损伤。

3.7 免擦洗汽车清洗

（1）使用专用喷壶将免擦洗轮毂清洗剂与清水进行混合配比，然后均匀地喷洒在汽车轮毂的表面。再将配置好的免擦洗无痕洗车液由上至下均匀地喷洒在全车车身的表面。

（2）使用水枪冲洗车身，注意水压应适度，不宜过高，水枪与车身的距离为15~20cm。冲洗完成后，将专用的水蜡混合液加入高压喷壶内均匀地喷洒在车身的表面，直到整车车身被完全覆盖。

（3）从上至下冲洗车身，最后用大毛巾将车身擦拭干净。

洗车要点

① 汽车在行驶过程中会逐步沉积灰尘和污垢，因此要进行定期清洗。汽车表面污垢主要有两大类：第一类可以用水清洗，包括泥土、砂粒、灰尘等；第二类用水不易冲洗掉，包括炭烟、矿物油、胶质、铁锈和废气凝结物等。第二类污垢一般可用去垢剂洗涤。在汽车去垢剂的成分中，主要包括表面活性剂和碱性电解质。某些去垢剂中还加入煤油、松节油、汽油等溶剂。

② 汽车玻璃上的雪和冰可以通过物理及化学两种除冰方式去除。**物理除冰**：可以准备一个硬质塑料刮片，也可用专用的玻璃冰霜铲。玻璃冰霜铲更加方便、快捷，而且不冻手。**注意**：除冰雪时要防止把玻璃刮伤，塑料刮片或冰雪铲不可来回刮，应该向同一方向推。**化学除冰**：除冰雪剂是一种对结冰的车窗和刮水器进行解冻的高速防冻喷洒浓缩液，其可在-30℃以下的低温除去冰雪，同时防止风窗玻璃和积水部分结冰。清理后，玻璃光洁，不留条痕。此外，擦拭玻璃时不可用擦过车漆表面的皮布，因为皮布可能有防腐蚀材料的残迹，这会妨碍视线。

③ 为了减少眩目，在车外后视镜上涂有一层特殊的薄膜。此时，只能用软布或擦玻璃的皮布擦拭，必要时也可使用玻璃清洗剂或酒精进行镜面清洁，但不可用抛光剂擦拭。车外后视镜上的冰和雪要尽可能用冰雪融化剂去擦，不要用硬物刮拭镜面。

洗车应注意的其他事项如下：
- 海绵静置时，不可以沉淀在水桶底部，以免黏附桶底的泥沙。
- 夏天车辆行驶时间较长时易造成机件温度升高，此时不宜立即冲洗制动盘，以免制动盘热胀冷缩而导致变形。
- 冲洗散热器护罩的水压不宜过高，不要直接对准散热片，以免散热片扭曲。

精细化洗车流程参考

序号	项目工序	人员/工具	施工材料	序号	项目工序	人员工具	施工材料
1	接车	专职驾驶员		18	车内吸尘	专用吸尘器	
2	高压冲洗车身及底盘	高压水枪、增压洗车机	自来水	19	放入脚垫	手工整理	
3	飞虫斑迹脱落	顽垢专用毛巾	飞虫脱落剂	20	行李舱整理	手工归纳整理及吸尘器	
4	轮圈养护	轮圈专用毛刷	轮圈清洁剂	21	发动机舱清洁	专用毛巾	
5	水蜡喷洒	泡沫喷洒机身及车身上下分开专用海绵	高级3合1水蜡	22	添加刮水器液	手工添加	刮水器液
6	低压冲洗	低压水枪、增压洗车机	自来水	23	轮胎上光保护	轮胎专用海绵	轮胎上光保护剂
7	清洗脚垫	高压水枪、脱水机、增压洗车机	脚垫清洗液	24	质检	专职质检员	
8	车身拉水擦拭	车身上下分开专用毛巾		25	交车	专职驾驶员	
9	边缝吹水	高压气枪					
10	车身细致擦拭	车身上下分开专用毛巾					
11	空调口除垢	专业吸尘器及空调口专用毛刷	空调清洁杀菌液				
12	仪表台及方向盘养护	专业吸尘器及专用毛巾	内室清洁杀菌液				
13	座椅养护	专用吸尘器及专业毛巾	专业座椅清洁剂				
14	变速杆及烟缸养护	专用吸尘器及专用毛巾	内室清洁杀菌液				
15	顶篷养护	专业吸尘器及专用毛巾	内室清洁杀菌液				
16	门板养护	专业吸尘器及专用毛巾	内室清洁杀菌液				
17	玻璃清洗	专用麂皮及毛巾	玻璃清洁剂				

第 4 章 汽车内部美容

汽车室内物品包括座椅、顶篷、仪表板、地毯、脚垫、车门板等,包括皮质、塑料、橡胶、纤维等材质,长期使用容易藏污纳垢,不但看上去很脏,并且会滋生病菌,在车内散发霉味,影响车内人员的身心健康。车厢里遭受外界的灰尘、泥沙等污染,车内人员吸烟、汗渍以及空调等因素的影响,也会导致车内空气被污染,产生难闻的味道,严重的会使丝绒发霉、真皮老化,既影响车内美观又不利于人的心情。

4.1 汽车内部清洗

▶ 1. 汽车内部清洗内容

汽车内部的清洁与护理主要包括车内编织物或真皮内饰的清洗与维护,车门、车顶、仪表板、空调系统等部位的清洗与保养,以及空气净化。内饰的材料不同,清洗的方法也不同。

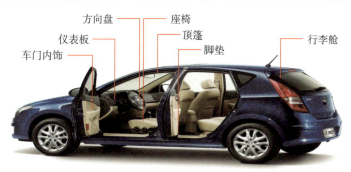

▶ 2. 汽车内部清洗要点

(1)真皮内饰的清洗

清洗真皮材料应使用专用的皮革清洗剂。喷上清洗剂后使用软毛刷轻轻刷洗,然后再用干净的抹布抹干。

清洁后,可以使用专用的皮革保护剂对真皮进行上光。

（2）塑料内饰的清洗

先用专用的清洗剂喷洒在塑料的表面，然后用海绵蘸清水进行擦洗，将脏污擦除干净后再用半湿的毛巾擦拭，最后使用专用的塑料上光剂、防护剂进行上光护理。

注意： 擦拭时用力不能过猛，以免出现白化失光。

（3）车内编织材料的清洗

编织布等编织材料的清洗，可以用专用的清洗剂喷洒在表面，然后用干净的毛巾擦干净即可。

4.2　汽车内部清洗工作流程

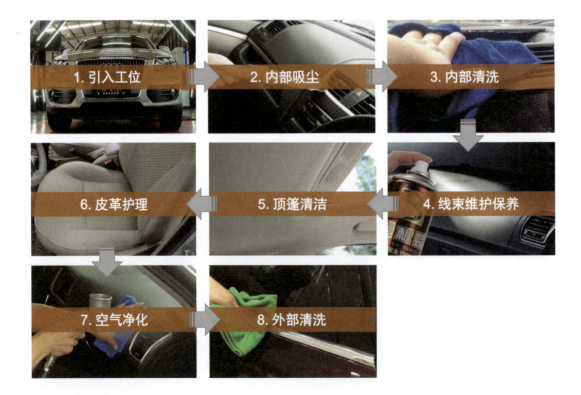

1. 引入工位 → 2. 内部吸尘 → 3. 内部清洗 → 4. 线束维护保养 → 5. 顶篷清洁 → 6. 皮革护理 → 7. 空气净化 → 8. 外部清洗

4.3 皮革的清洁护理

汽车上使用的皮革有真皮革和人造皮革两种。皮革的表面有许多细小的条纹，容易积聚和吸附污垢，且很难彻底清除干净。一般不能直接用清水和洗衣粉清洗，必须要用专门的皮革清洁护理用品，才能有效地清除灰尘和污垢。

皮革清洁（保护）剂能清洁上光，有效地去除静电，增强保护功能。对于比较脏的皮革表面，首先要用丝绒清洗剂进行预处理，然后再用皮革清洁（保护）剂进行清洁护理。

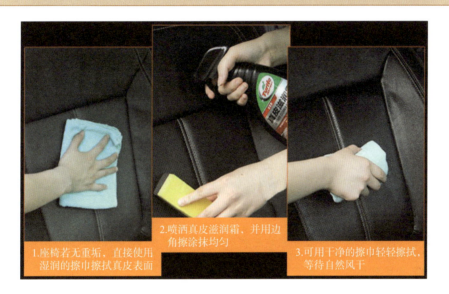

1. 座椅若无重垢，直接使用湿润的擦巾擦拭真皮表面
2. 喷洒真皮滋润霜，并用边角擦涂抹均匀
3. 可用干净的擦巾轻轻擦拭，等待自然风干

1. 皮革护理香波

（1）作用

① 清洁皮革，护理后皮革光泽自然。

② 在使用之后能在真皮表面形成保护膜，防止皮革老化。

③ 具有抗静电、防尘、防水效果。

（2）使用方法

① 使用干燥、清洁的毛巾、擦拭布和清洁擦。

② 上下摇晃皮革护理香波瓶身数次并按压泡沫喷嘴（如果是第一次使用，在泡沫被压出之前需要按压泡沫喷嘴三四次）。

③ 将适量泡沫喷洒到清洁擦表面。

④ 使用清洁擦将泡沫均匀地涂抹在皮革上，确保护理泡沫渗入皮革内部，直至泡沫擦拭不见。

⑤ 静置 2～3min 后使用毛巾或擦拭布擦干皮面。

注意事项

汽车座椅经常用皮质材料。在清洗时,如果座椅非常脏,应先用微湿的毛巾或擦拭布将皮革擦拭干净,待其干燥后再按上述步骤使用皮革护理香波。

2. 多功能泡沫清洗剂

对于皮质内饰,也可以采用较为柔和的多功能泡沫清洗剂进行清洗。清洗时,将多功能泡沫清洗剂均匀地涂在皮质内饰上,然后再用浅色毛巾进行擦拭。**注意**:涂抹多功能泡沫清洗剂时要分块涂抹,而不要一次性涂遍,这样清洗的效果更佳。擦拭结束后,注意清洗毛巾,用干净的毛巾擦拭两遍即可。皮革内饰的清洁护理步骤如下:

①灰尘清除。将皮革表面用软布擦干净,除去表面吸附的灰尘、水汽。

②污垢处理。将适量的皮革(丝绒)清洗剂喷涂到皮革内饰的表面,稍等片刻,让皮革(丝绒)清洗剂有效地分解硬结在皮革表面的污垢。用软刷子或干净毛巾仔细擦拭皮革内饰表面的皮革(丝绒)清洗剂,直到污垢被全部清除。

③上光处理。将适量的皮革保护剂均匀地喷涂在皮革表面,并用干净毛巾反复擦拭,直到皮革光亮如新。

4.4 车门柱饰板、顶篷等编织物的清洗

(1) 污渍去除剂的使用方法

有效去除车内织物、塑料、皮革等部件上的各种污渍,如油脂、巧克力渍、圆珠笔印、鞋油印等,不会残留清洁痕迹。手工清洁方法如下:

① 取两块干燥、清洁的擦拭布,使用前上下摇晃瓶身数次。
② 打开瓶盖并将少量污渍去除剂倒在擦拭布上。
③ 用擦拭布将污渍去除剂均匀涂抹在织物部位。
④ 等 2～3min 后,用第二块干擦拭布擦试,对有污渍的部位可以适当加大力量擦拭。

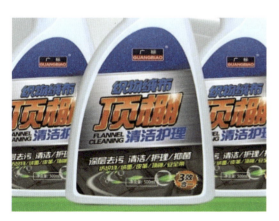

（2）车内顶篷清洗步骤

① 用软布将绒毛上的尘土、污渍擦干净。

② 将适量的丝绒清洗剂喷在车内顶篷上。

③ 等待片刻之后，用洁净的毛刷刷洗或者用软布擦拭车内顶篷上的污垢。污物较多时，可多次重复操作，直到污物全部清除。

④ 污物清除干净后，用一块干净的棉布顺着车顶的绒毛方向抹平，以恢复原样。

⑤ 化妆镜的清洗相对简单，可以使用多功能清洗剂进行清洗，然后用浅色的干净毛巾进行擦拭。毛巾最好是比较柔软的，以免长期擦拭损伤镜面。

（3）配合干洗枪的清洁方法

① 将污渍去除剂倒入干洗枪下端的喷水壶，并加入适量清水混合（药品和水的比例为1∶5）后拧紧，并将进气口与高压气管连接。

② 对准内饰中待清洁的部位表面进行喷洒吹洗，与清洁面成约60°角、相距1cm进行喷吹，边观察边移动，直至污渍被彻底清除。

③ 清洁完毕后，若被清洁部位持续湿润，可取下药水壶直接使用压缩空气加速风干。

④ 干洗枪使用完毕后，注意清洁喷水壶，并装入清水开启喷吹，以清洁枪内管道中可能残留的杂质。

4.5 方向盘、仪表板、置物箱、脚踏板的清洁护理

（1）方向盘的清洁护理

方向盘如果不经常清洗，就会滋生大量的细菌。方向盘上的污物主要为人体油脂，在清洗的过程中应先以多功能泡沫清洗剂进行清洗，再用干净毛巾进行擦拭。若方向盘上有毛绒或者是皮革把套，可以进行单独处理。注意：切不可用万能擦对方向盘进行清洗。

注意：在清洁护理这些位置时，不要将丝绒清洗剂、多功能泡沫清洗剂、塑料护理剂等喷到开关、电器、皮革座椅、靠背及车身漆面上。

汽车方向盘材料多为真皮或人造革，其表面主要污物为人体手掌的汗液及油脂。在清除时先将适量的丝绒清洗剂喷

在方向盘的皮革上，稍等片刻后用软毛刷刷洗方向盘或者用软毛巾擦拭方向盘，直到清洗干净，最后使用塑胶护理剂对方向盘进行上光护理。

如果方向盘外面包有把套，必须先拆下把套，然后再对方向盘进行上光护理。

（2）仪表板的清洁护理

①用吸尘器除去仪表板区的灰尘，特别是条纹、褶皱、边角处的灰尘。
②将适量的多功能泡沫清洗剂或丝绒清洗剂喷在仪表板处。
③反复擦拭，即可光亮如新。

注意：在清洁护理的过程中，不应将丝绒清洗剂、多功能泡沫清洗剂、塑料护理剂等喷到电器、开关、靠背及车身漆面上。

（3）置物箱的清洁护理
①用吸尘器除去置物箱区内灰尘，特别是条纹、褶皱、边角处的灰尘。
②将适量的多功能泡沫清洗剂或丝绒清洗剂喷在置物箱处，反复擦拭，即可光亮如新。

（4）离合器踏板、制动踏板、加速踏板
离合器踏板、制动踏板、加速踏板等部件要认真进行清洁，特别是要清除上面的油脂类污垢，以免驾驶人在开车时脚底打滑，影响行车的安全性。

操作方法：
①用湿布将离合器踏板、制动踏板、加速踏板等部件擦干净。
②将适量的多功能泡沫清洗剂喷在各踏板处。
③用刷子反复刷洗各踏板。
④用干净软布擦拭各踏板，直到干净为止。

第 5 章 汽车发动机的清洗

5.1 发动机舱的清洗

（1）为什么要进行发动机舱清洗

①发动机舱清洗除了有保持美观的作用外，对于保障发动机的正常运行也十分重要。

②由于汽车行驶环境复杂，汽车在行驶过程中卷起的沙砾、尘土会从发动机舱下部钻入，飞落于发动机表面，加之发动机长时间在高温下工作，有时还有漏油等现象发生。如果长时间不对发动机舱进行清洁护理，就会使发动机表面形成厚厚的油泥性腐蚀物。

③发动机长时间在高温下工作，油泥、雨水和其他液体渗漏形成的各种污染物会影响发动机散热，同时会加速发动机舱线束的老化及金属部件的生锈，可能会造成车辆故障，影响行车安全，因此发动机舱的护理在汽车美容护理中是非常重要、不可缺少的项目。

④清洗发动机舱过程中能及时地发现车辆存在的问题，例如，发动机的燃油管是否老化、渗油，电线等是否表面完好无破损，插接件是否连接不实等，对发现的问题及时进行修复与处理，可以防止出现故障与意外隐患，例如，行驶中出现的自燃等。

（2）进行发动机舱清洗的好处

发动机舱经过清洗后变得整洁有光泽，可及时有效地杜绝污染物对发动机舱的侵蚀，恢复发动机的散热性能，同时保养后的发动机表面能恢复原有的光泽，减缓老化。

（3）发动机舱清洗剂作用与使用方法

发动机舱清洗剂采用高效活性配方，可迅速溶解附着在发动机舱的油脂、油污，有效清除发动机舱内各种污染物，有助于发动机充分散热，减少潜在隐患。

使用方法：

①清洗发动机外表灰尘及油污：发动机外表可以用刷子或压缩空气等先除尘，然后选用合适的发动机外部清洗剂进行擦洗处理。**注意：**不能用汽油来代替专用清洗剂清洗发动机外表。

②处理表面锈渍：对于铸铁等金属表面上的锈斑，应该早发现早处理，在生成小斑点的时候就进行处理，以免斑点扩大后很难处理，可以用除锈剂喷在锈斑处，然后进行擦洗。

③清洗发动机电器电路部分：应该采用特定护理产品清洗发动机电器电路部分的部件。如果长期用水和普通的清洁剂处理，则可能加速其塑料壳体和线束橡胶的老化，影响汽车起动和行驶。

发动机舱清洗施工注意事项

①操作时穿戴防护用具（如戴防护手套、穿工作服等）。

②为避免清洗剂挥发，影响清洗效果，应该在发动机冷却后进行清洗。

③使用干洗枪将水雾喷到发动机舱表面，可起到快速降温的作用。

④发动机清洗剂、亮膜保护剂应当摇匀后再使用。

⑤在发动机舱清洗完成后洗车，去除落到车身外部和风窗玻璃上的污渍。

（5）施工准备

①先将车辆停放在安全、便于施工的位置。

②准备工具（大刷、小刷、水桶、塑料袋、毛巾、擦车布、吹气枪、干洗枪），清洗用品（发动机清洗剂、发动机亮膜保护剂、沥青去除剂、仪表板蜡）。

③用塑料袋把点火系统、电器部位（火花塞、高压线、继电器等）包好，以免进水。

（6）汽车发动机舱清洗流程

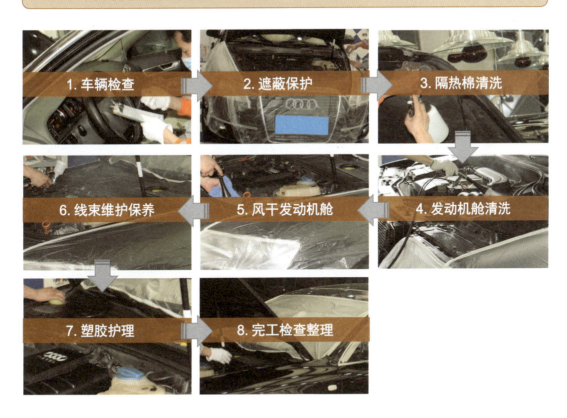

步骤一、首先做好个人工作防护，戴好口罩和手套，佩戴好防护眼镜，将翼子板护垫贴挂在车身的翼子板上面，以防施工时损伤车漆。

步骤二、使用干洗枪对发动机舱内各部位表面进行除尘。将干洗枪与空气压缩机气管进行连接，用干洗枪吹扫发动机舱内部的隔音板。

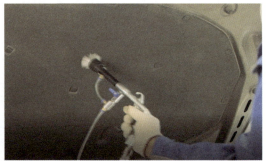

步骤三、用干洗枪连接清洗剂与压缩空气，对发动机舱的油污进行清洗。在干洗时使用干洗枪前部的毛刷刷洗发动机零部件的表面，以便干燥的油泥能被清洁剂渗透溶解。或者使用水枪冲洗，冲洗前将水枪出水调成弱水，喷束为散状扇形，将清洗剂在发动机舱内各部位表面整体均匀喷洒一遍，冲洗掉发动机舱内各部位表面的泥沙和污垢，等待2~3min，使用洗车海绵对清洗部位进行擦洗。

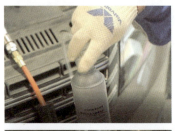

步骤四、将一瓶 500～700mL 的清水连接到干洗机上面,接通空气压缩机,把清水进行雾化后喷洒到发动机零部件的表面,以便将被清洗剂溶解的发动机油泥、污渍等脏污冲洗干净。

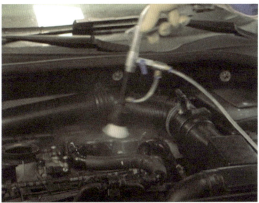

步骤五、如有重度油污或擦洗不到的部位,使用沥青去除剂配合大小刷子进行反复刷洗清洁,直到洗净为止。确定各部位表面污垢清除干净后,使用水枪将清洗剂残液冲洗干净。

步骤六、使用干洗枪连接空气压缩机,将发动机表面与零部件表面上的水迹吹干。

步骤七、镀膜上光。待发动机表面干燥后，将保护剂通过清洗工具喷到橡胶件和塑料件表面进行亮膜保护。使用干布将保护剂均匀涂抹开，使零件呈现自然光泽。将亮膜剂摇匀后连接到干洗枪上面，操作干洗枪将亮膜剂喷洒到发动机与零部件的表面进行上光处理。

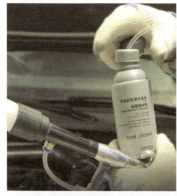

步骤八、洗车。在清洗前应先检查发动机舱机油、变速器油、冷却液的储液壶盖，电器盒，熔丝盒盖，发动机舱盖是否完好，如有必要可以先进行更换，然后再进行清洗。

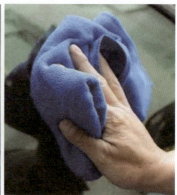

步骤九、完工检查、交车。全部清洗工作做完后，由清洗员工自己先检查一遍，看有没有未洗干净的地方并进行处理，检查完后交由主管再检查。

建议每六个月/1万km或在发动机舱污染程度较高的情况下清洗一次

5.2 发动机传动带的清洗

将发动机关闭，取出钥匙妥善保存，然后松开发动机传动带张紧轮螺钉，取出发动机传动带，先使用传动带清洗剂清洗传动带，等清洗干净后，再装回原来的位置中，调整好传动带的张紧度，再将张紧轮的螺钉紧固，起动发动机怠速运转。检查发动机运转正常后关闭发动机，清洗工作结束后清理作业现场。传动带清洗剂适合发动机传动带、发电机传动带、空调压缩机传动带的清洗，不适合正时传动带的清洗。

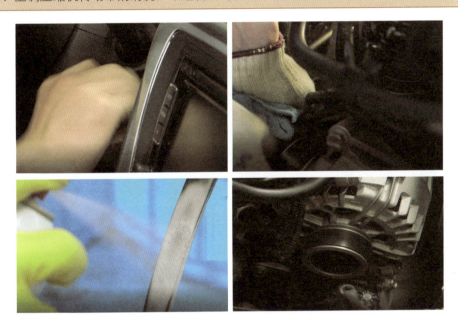

传动带清洗前后的比较

传动带清洗的作用

①改善效能：提高传动带附着力和牵引力，有效改善传动效果。

②减少磨损：无黏性配方，表面不留残余，不粘连污垢或者灰尘颗粒，保护与带轮的接触面。

③降低噪声：帮助消除异响，降低传动带传动时产生的噪声。

④延长寿命：形成保护层，保持传动带原有特性，延长使用寿命。

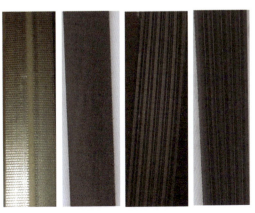

▲ 清洗前　▲ 清洗后　▲ 清洗前　▲ 清洗后

发动机清洗注意事项

发动机内保护设计差的汽车不适合进行清洗施工（其密封、包裹不到位，容易烧坏电器部件）。

在发动机上光镀膜之前，应将非原装线路重新包裹，然后进行上光护理。

清洗时，发动机舱盖板内侧也要清洁，先清洗发动机舱部位，再清洗发动机舱盖板内侧。

清洗时一定要等发动机冷却下来，对电器及点火系统进行防水包裹，不得进水。

清洗后的发动机应在起动前将电路系统彻底风干。

清洗时，不得开锁通电或起动发动机，橡胶管道及塑料件着重清洗。

清洗完后，一定要将发动机舱内的工具产品清理干净后，再起动发动机使之怠速。

清洗发动机表面时，应在刷洗掉的污物未被风干前快速将其冲净，否则应使用半湿性毛巾配合施工。

清洁发动机表面的金属部件时，可使用金属抛光剂或漆面研磨剂进行清洁，但塑料或橡胶部件则不允许使用此方法。

清洗后的发动机表面应在上光镀膜之前将水分完全清除，如果在潮湿的部件表面上光镀膜，待保护剂下的水分挥发后，保护剂也会随之挥发。

施工完毕后，应对发动机外表进行检验，并对遗漏的地方采取补救措施。

5.3 排气管的清洗

（1）排气管清洗剂的作用

快速清洁排气管内部和外部的胶质、油泥、积炭、沥青、锈迹等，不损坏金属表面的电镀层，恢复金属原有光泽。

（2）排气管清洗剂的优点

清洁养护：快速渗透分解并同时清洁排气管内部和外部的胶质、油泥、积炭、锈迹等，保护排气管不受有害物质侵蚀。

优化排气：确保尾气安全顺畅排出，有助净化排放，同时帮助清洁排气管消声器上的网孔，避免孔隙堵塞造成的排气噪声污染。

安全无损：迅速蒸发风干无残余，对金属表面的电镀防锈层不产生损害，有效恢复表面原有光泽。

（3）排气管清洗剂使用方法

将清洗剂喷入排气管口内部和外部进行冲洗，同时使用毛刷对管口内部进行刷洗，再用擦布对外部反复擦拭。

（4）排气管清洗施工案例

步骤一、将车辆移动到举升机上面，将发动机关闭，按照举升车辆的要求规范安全地升起车辆。为防止清洗液溅落到地面，在排气口的下方放置一个置物盒。

步骤二、将排气管清洗剂喷到排气管口的外部和内部，再使用毛刷对排气管口的内部进行刷洗，也可以边补充喷剂边刷洗排气管，然后再使用毛巾擦拭干净。在喷涂施工前，应当戴好口罩、防护眼镜和手套。

（5）排气管清洗前后的对比

5.4 塑胶饰件的清洁护理

（1）塑胶饰件清洁护理前的准备

①塑胶护理上光剂。适用于汽车外部保险杠、塑胶装饰条、车内部的仪表板、塑胶装饰物的清洁和上光保护。

②皮塑防护剂。适用于塑料、皮革、轮胎、橡胶、保险杠、门窗的清洗和保护。

③清澈美容保护剂。用于所有塑料、皮革、橡胶制品的上光和保护。

④超级防护剂。用于橡胶、尼龙、皮革表面的清洗、上光和保护。

⑤塑件橡胶润光剂。用于清洁汽车塑料、橡胶、合成皮、桃木配件表面。

（2）施工方法

①使用除尘掸子去除塑料内饰上的灰尘。

②在塑料饰板上喷上专用的内饰清洁泡沫。待泡沫散去一点便可以使用干布开始擦拭饰板，直到泡沫完全被拭去，塑料内饰变得干净为止。

③一些积聚在沟槽内的污渍用布难以清除，可以使用橡皮擦轻轻擦拭来清除。

第 6 章 汽车漆面美容

6.1 新车开蜡

为防止运输过程中雨水或者其他物质的腐蚀，汽车在出厂时，其车漆表面都会覆盖一层蜡。一般情况下，汽车生产商不允许封蜡停留于车漆表面一年半以上，否则封蜡将会因阳光、大气酸性物质的影响而变成有害物质腐蚀车身。因此，新购车辆上路行驶前应先去除封蜡。

（1）油脂封蜡

油脂封蜡可以提供蜡壳极硬的保护层，即使碱性极高的海水飞溅到涂有封蜡的车体表面，也不能对其造成任何损害，并可防止大型双层托运车在途中遇到树枝或其他人为造成的轻微损伤，保证新车在出厂后一年内不受有害物质的侵蚀。

（2）树脂封蜡

树脂封蜡可以提供蜡壳极硬的保护层，效果与油脂封蜡等同。它是一种亚透明状态车体蜡，可以对车身的外部漆面形成保护达一年之久，主要用于防止运输新车过程中发生轻微刮蹭、划痕等，但是不适合防护海洋运输的车辆。

（3）硅性油脂保护蜡

硅性油脂保护蜡可为车辆提供短期的保护层，能够有效防止紫外线、酸碱气体、树枝、风沙等一般性的侵害。但对于海水或运输新车过程中所造成的刮蹭现象不能起到很好的保护作用。

新车开蜡的用品通常称为开蜡水或开蜡洗车液，属于柔和性溶剂，对各种蜡层有乳化分解的作用。目前市场上常见的有油脂开蜡水、树脂开蜡水、脱蜡洗车液等，使用时需要根据新车封蜡的不同类型选择匹配的开蜡水。开蜡水可以快速清除新车涂层表面的封蜡层，在汽车封釉、镀膜时也用它来清除旧漆面上的旧蜡层，不损坏涂层的漆面，利于后期的抛光、上光。

（1）油脂开蜡水

油脂开蜡水用于喷涂油脂封蜡的车身表面开蜡。该开蜡水有两种：一种是非生物降解型，主要原料提炼于石油，属于强碱性药剂，使用时应注意操作者的劳动保护；另一种是生物降解型，主要原料从橙皮中提取，对环境无污染，不用稀释，可直接使用。

（2）树脂开蜡水

树脂开蜡水用于喷涂树脂封蜡的车身表面开蜡。该开蜡水能溶解树脂蜡，不含腐蚀剂，不会侵蚀风窗玻璃、电镀件及铝合金件。在使用时，必须用水以1:3左右的比例稀释，且最好用热水，因为其中的表面活性剂在加热的情况下效果更佳。

（3）脱蜡洗车液

脱蜡洗车液用于喷涂硅性油脂保护蜡的车身表面开蜡。该洗车液属于生物降解型产品，主要原料提炼于天然橙皮，并含有阴离子表面活性剂，泡沫丰富，分解性较好，因此成本也较高。

开蜡所需工具与用品如下：

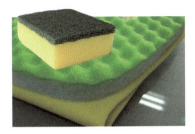
▲ 专用洗车海绵

▲ 高泡洗车液

▲ 高密度纯棉毛巾

▲ 塑料异形刮板

▲ 防护眼镜

▲ 橡胶手套

▶ 1. 树脂封蜡开蜡

步骤一、用水枪将车体泥沙冲洗干净，然后用配制好的脱蜡洗车液均匀喷洒于车体，并用洗车海绵擦拭全车，冲净后无须擦干。

✗ 应佩戴手套

步骤二、将树脂开蜡水均匀喷洒于单一板块，静置1min后，将喷洒过药液的板块用半湿性毛巾擦拭，然后用脱蜡洗车液清洁此板块。按此方法逐块清洗，直至将全车封蜡清除。
步骤三、将车身连接缝隙处残留的封蜡用塑料刮片垫半湿性毛巾清除干净。

✗ 应佩戴手套

✗ 应佩戴手套

步骤四、用配制好的脱蜡洗车液将全车再次清洁,擦干后打蜡即可。

▶ 2. 油脂封蜡开蜡

①首先将车体冲洗干净,然后用配制好的脱蜡洗车液清洁车身,冲洗后无须擦干。

②将油脂开蜡水灌装于手动喷壶或气动喷雾器内,然后均匀喷洒于车体。

③等待 3min 后,喷洒少许清水,用半湿性毛巾按顺序全车擦拭,然后用配制好的脱蜡洗车液将全车清洗,冲净后无须擦干。

④将油脂开蜡水再次喷洒于某一板块,等待 1min 后,将喷洒过药液的板块用半湿性毛巾再次擦拭,这时此板块残留封蜡应可完全清除,然后用脱蜡洗车液清洁。按此方法逐块清洗,直到将全车封蜡清除。

⑤最后验车时,应将车身连接缝隙处残留的封蜡清除干净,并将全车外表用脱蜡洗车液再次清洁,擦干后打蜡即可。

3. 硅油新车保护蜡开蜡

①首先将车体冲洗干净。
②将脱蜡洗车液用喷雾器均匀喷洒于车体。
③用洗车海绵按汽车板块顺序将全车快速擦拭。
④最后用高压水枪将车身擦掉的蜡质及污物冲净，擦干后打蜡即可。

⊗应佩戴手套

开蜡注意事项

① 绝大多数新车是不用着急开蜡的，开蜡应视车况而定。
② 进行开蜡工序前，必须将全车外表清洗干净，以免操作时因车体携有沙粒给漆面造成划痕。
③ 开蜡中所使用的毛巾应不断清洁，以保证清除掉的封蜡不致存留于毛巾上太多而不便于继续施工。
④ 如在擦除封蜡过程中有"吱吱"的响声，应立刻停止施工，说明毛巾中存有沙粒，清洗干净后方可使用。
⑤ 封蜡停留于车体表面两年以上的车辆，应在开蜡后进行抛光，然后打蜡即可。
⑥ 因开蜡后新漆膜暴露在外，极易受到氧化，所以应使用耐氧化性较好的新车保护蜡进行上光。
⑦ 封漆蜡停留于车体表面两年以上的车辆，应在开蜡后进行抛光，然后打蜡即可。
⑧ 因开蜡后新漆膜暴露在外，极易受到氧化，所以应使用耐氧化性较好的新车保护蜡进行上光。

6.2 汽车打蜡

1. 什么是漆面打蜡

汽车漆面打蜡是在车漆表面涂上一层蜡质保护层，并将车蜡抛出光泽的护理作业，它是汽车美容中最为基本的护理性美容。

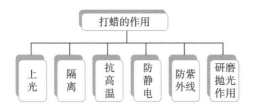

2. 汽车蜡的类型

按物理状态分类：固体蜡、半固体蜡、液体蜡、喷雾蜡。

按功能分类：上光蜡、抛光研磨蜡。

按性质分类：普通蜡、釉蜡、镀膜蜡。

按装饰效果分类：无色上光蜡、有色上光蜡。

3. 打蜡方法

打蜡有手工打蜡和机械打蜡两种方式。

手工打蜡便于掌握均匀度,不会出现一圈圈的痕迹,但耗时较长。

机械打蜡时间短、效率高,可快速将车蜡在车身上打匀,但对操作技术要求较高,若操作不当,车身表面易出现圈痕。

新车不要随便打蜡。因为新车本身的漆层上已有一层保护蜡,过早打蜡反而会把新车表面的原装蜡除掉,造成不必要的浪费。一般来说,新车购回五个月内不必急于打蜡。

打蜡前用洗车水清洗车身外表的泥土和灰尘。切记不能盲目使用洗涤精和肥皂水,因其中含有的氯化钠成分会侵蚀车身漆层、蜡膜和橡胶件,使车漆失去光泽、橡胶件老化。如无专用的洗车水,可用清水清洗车辆,将车体擦干后再上蜡。

注意事项

① 根据汽车使用环境及车蜡的品质确定打蜡频率。

② 车辆使用环境较好,且有车库可停放,一般每隔3~4个月打一次蜡;使用环境较差,且车辆停在露天,最好每隔2~3个月打一次蜡。另外,使用车蜡的品质好,打蜡后保持时间长,打蜡间隔也可适当延长。当然,这并非是硬性规定,一般用手触摸车身感觉不光滑或光泽较差时,就应再次打蜡。

③ 切不可在阳光直射下或车身温度过高时打蜡。在阳光直射下或车身温度过高时打蜡,车身表面看似光亮,但一经雨淋或洗车,车身便会失去应有的光泽。

④ 上蜡时要特别注意不要将车蜡涂抹到门边塑料装饰条、前后塑料保险杠及车体其他塑料件上。

⑤ 上蜡后,应等待5~10min再将蜡抛出光泽。

4. 手工打蜡

（1）打蜡的步骤

步骤一、清洗车辆，待车身完全干燥后才能上蜡。

步骤二、手工打蜡应将适量车蜡涂在海绵块上，然后在车身表面作直线往复涂抹，不可将蜡液倒在车身上乱涂或做圆圈式涂抹。一次作业要连续完成，不可涂涂停停。车蜡在车身上涂抹后 5～10min 左右，待蜡渗透到面漆内，再用麂皮均匀擦拭，将蜡层擦得如镜般光滑为止。

步骤三、使用上蜡机打蜡时，将车蜡涂在海绵垫上，施工时不可用力过大，以免将原漆打起。

步骤四、打蜡作业完成后，应清除车灯、车牌、车门和行李舱等处缝隙中的残留车蜡，这些车蜡如不及时清除，不仅影响车身美观，还可能产生锈蚀。因此，应仔细检查，将残蜡彻底清除干净。

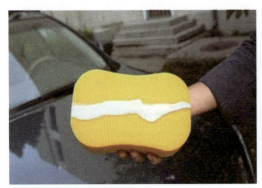

注意：施工时应在阴凉处给汽车打蜡，保证车体不致发热。因为随着温度的升高，车蜡的附着性变差，会影响打蜡质量。上蜡时，应在海绵块涂上适量车蜡，在车身上直线往复涂抹，不可把蜡液倒在车上乱涂。

（2）手工打蜡的施工要点

① 无论是采用直线涂抹还是圆圈涂抹，都必须保证车蜡涂抹均匀。

② 若海绵上出现与车漆相同的颜色，说明漆面可能已经破损，应立即停止打蜡，并进行修补处理。

③ 车身周围的镀铬装饰条和侧门下方的特殊涂层（表面较粗糙，不光滑）不需要打蜡。

④ 一次作业要连续完成，不可涂涂停停。

⑤ 要掌握好打蜡频率。经常停放在车库的车辆，每3～4个月打一次蜡；露天停放的车辆，由于风吹雨淋，最好每2～3个月打一次蜡。

⑥ 经验值：一般用手触摸车身感觉不光滑时，就可再次打蜡。

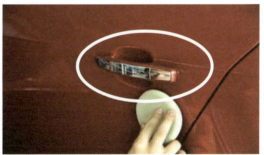

⑦ 打蜡时要注意车上的镀铬、不锈钢、塑料、橡胶等部件，可以在打蜡前对这些部件进行遮蔽保护，特别是抛光打蜡的施工，对于车身面板底层有防腐胶的位置不需要打蜡。

⑧ 一般蜡层涂匀后 5～10min 用新毛巾擦亮,但快干型车蜡应边涂边抛光。

⑨ 车身打蜡后,在车灯、车牌、车门和行李舱等处的缝隙中会残留一些车蜡,使车身显得很不美观。这些地方的蜡垢若不及时擦干净,还可能产生锈蚀。因此,打完蜡后一定要将蜡垢彻底清除干净,这样才能得到完美的打蜡效果。

⑩ 细节之处残留的车蜡严重影响美观，长时间还会腐蚀车漆。

⑪ 打蜡工作结束后，检查漆面的情况并清理工作现场。

（3）手工打蜡施工提示
① 掌握好上蜡的频率。
② 要注意打蜡的环境。
③ 要注意选择打蜡的时机。
④ 打蜡后的清洁。
⑤ 掌握好力度。

注意事项

①注意区分漆面。

②注意分清机蜡和手蜡。

③注意素色漆与金属漆的抛光蜡应区分使用。

④注意分清漆膜保护增光蜡与镜面处理蜡。

⑤注意在使用范围上应分清含硅产品与不含硅产品。

⑥注意沙蜡。

5. 机械打蜡

打蜡机是把车蜡打在漆面上,并将其抛出光泽的设备,是汽车美容护理最基本、最常用的设备,使用简单。当车漆表面出现微划痕、中划痕或水渍时,可根据严重程度来选择适合的蜡配合打蜡机进行修复。打蜡机像抛光机一样,可调整转速。通常,汽车车漆表面打磨时,要求先用低转速打磨,且不要只固定在一个位置打磨,要来回打磨,并每过2~3min用手面轻触打磨部位检查是否发烫,如发烫时应洒点水,再继续打磨。

打蜡机以椭圆形旋转,类似卫星绕地球的旋转轨道,故称轨道打蜡机。轨道打蜡机具有重量轻、做工细、转盘面积大、操作便利等特点。转盘直径有203.2mm、254mm和304.8mm三种。使用打蜡机打蜡的施工流程:车辆清洗→上蜡→凝固→安装抛蜡盘套→抛光。

(1) 打蜡机抛蜡的路线

打蜡机抛蜡的路线如下图所示,应为往复式行进。

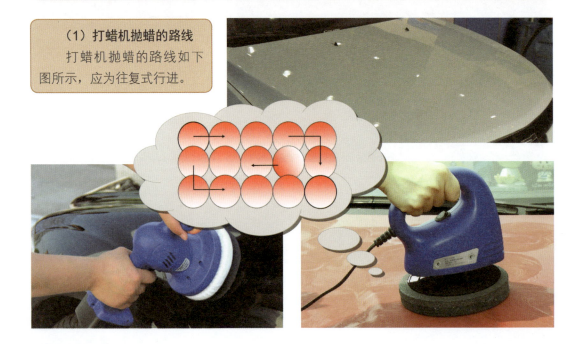

(2)机械打蜡的步骤

步骤一、车身清洗。 按车身清洗操作工艺来处理即可,对于有残蜡的车表面必须用开蜡水进行除蜡处理,并确保车身清洁无水分。

▲ 高泡洗车液

▲ 高密度纯棉毛巾

步骤二、上蜡。 机械上蜡具有效率高的特点。机械上蜡时将专用的车蜡涂在打蜡机的海绵上,具体上蜡涂抹过程与手工上蜡相似。打蜡机转速控制在 150～300r/min 为宜。也可以采用手工上蜡的方法。

步骤三、抛光。根据不同车蜡的使用说明,一般上蜡后 5～10min 蜡表面开始发白,并用纯棉毛巾擦拭一下,如果有光泽出现即可进行抛光处理。抛光也有手工打蜡与机械打蜡之别。

步骤四、检查,交车。抛光结束后,经检查无漏上蜡、漏抛蜡,车身光泽性好,无明显区别,才可以交车。

验收标准

①漆面光亮均匀，手影清晰。
②触摸漆面，干燥光滑、手感细腻。
③无尘、无粉，边沿干净，饰条无损。
④漆面无任何残留划痕、尘点、氧化层、光旋纹。
⑤漆面无任何残留，如雾影、蜡迹。
⑥细微边角结合处全部抛光到位。

汽车抛光作业质量的影响因素

①工具和磨料的组合。
②抛光机的转速。
③抛光盘与被抛面的角度。
④抛光盘的下压力度。
⑤抛光机的移动方向和速度。
⑥抛光盘的清洁程度。

注意事项

①禁止在阳光直射下、漆面处于高温状态下打蜡。
②操作过程中避免物体飞溅到眼睛内。发生后立即用清洁水进行冲洗直到眼睛舒适为止，必要时送医院治疗。
③上光蜡使用后，拧紧瓶盖，避免接触空气导致氧化，放置阴凉干爽处储存。
④施工时应戴眼镜、口罩、围裙进行抛光作业。
⑤如果漆面上没有蜡，就不能再进行抛光。
⑥打蜡时要打在漆面上，不要打在非漆面上，如玻璃、车门的边框、镀铬部位等。
⑦打过蜡的部位，根据季节和天气情况，5～10min 就要及时进行抛光。如果等车蜡完全干透后残蜡会很难抛除，还得用开蜡水把打好的蜡去除。
⑧抛光时一定要用专用抛光布或干燥洁净的无纺毛巾。

6.3 漆面抛光

▶ **1. 为什么要抛光**

漆面抛光是汽车美容中最为重要的组成部分。车身漆面彻底清洁后,就可根据漆面损伤的程度进行抛光处理。一辆汽车能保养得新、光、滑、亮,都源于抛光施工。抛光能够消除漆面细微划痕,消除汽车漆面损伤及各种斑迹,达到光亮无瑕的漆面效果。抛光水平的高低直接关系到汽车美容的最终效果。

▶ **2. 抛光与打蜡的区别**

抛光与打蜡的最大区别在于:打蜡能对车漆起到保护作用,而抛光则相反,它是将旧的车面漆剥掉,让里层的漆面露出来,所以能够给人焕然一新的感觉。

(1) 抛光的作用

- 防水
- 上光
- 抗高温
- 研磨抛光
- 防静电
- 防划伤
- 防紫外线
- 防氧化

(2) 氧化层

漆面氧化层是指汽车的涂层常年在风吹、日晒、雨淋的情况下产生的氧化膜,这种氧化膜分为深度氧化层、中度氧化层、轻度氧化层。

①深度氧化层:汽车使用两至三年。
②中度氧化层:汽车使用一至两年。
③轻度氧化层:汽车使用在一年以内。

(3) 抛光机

机械式抛光机分为电动式和气动式两种,电动式抛光机转速较大且转速可调,功率较大,研磨抛光效果较好。**注意:** 由于功率较大,对于初学者来说,要时刻注意抛光机的状态,以免损坏车漆。气动式抛光机转速较低,研磨抛光效力较差,研磨抛光作业的效率相对较低。一般使用的电动式抛光机是一种集研磨和抛光为一体的设备,安装研磨盘时可进行研磨作业,安装抛光盘时可进行抛光作业。电动式抛光机通过旋转研磨盘或抛光盘来平滑并抛光漆面,以除去微小的漆面缺陷,并提高光亮度。

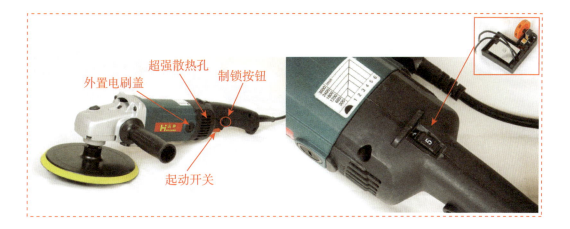

操作方法

① 根据具体作业调整工作转速，粗抛时转速一般不要高于1200r/min，精细抛光时转速要调高到1800r/min。

② 抛光轮与被抛光表面成10°左右的小角度，抛光时不要过重按压，保证抛光机不晃动即可。抛光机开机或关机时不能接触工作表面，作业时，右手紧握直把，左手紧握横把，由左手向作业面垂直用力，转盘与作业面保持基本平行。在抛光机完全停下之前，不要放下研磨机。

③ 不要对太靠近边框、保险杠和其他可能咬住转盘外沿的部位进行作业。应时刻注意研磨机的电线，防止将电线卷入机器。

④ 抛光时，应注意不要让灰尘飞到脸上，而应使其落向地板。

⑤ 抛光完毕，将抛光海绵取下，清洗干净后单独放好。抛光机摆放时要让抛光盘向上。

（4）抛光盘

目前，抛光机所用的抛光盘主要有三种：羊毛盘、粗质海绵盘、柔软海绵盘。羊毛盘和粗质海绵盘适用于抛光研磨场合，而柔软海绵盘的抛光面大都做成凹凸有序的波浪形，有利于精细抛光，形成光滑如镜的抛光漆面。抛光作业时切记区分使用。

3. 漆面抛光工艺流程

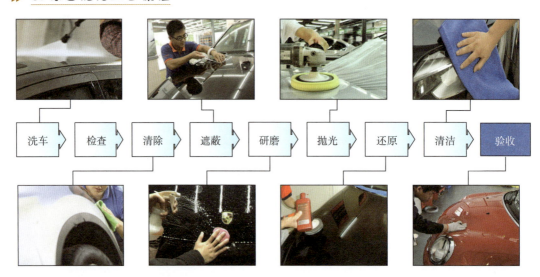

4. 轻度氧化层的处理方法

①首先用洗车液清洁车体，无须擦干。
②用湿润的抛光盘将抛光剂均匀涂抹于漆面。
③开机后轻下慢放于操作表面，转速为1800～2200r/min，抛光一遍，然后喷水抛光一遍即可。
④中度抛光完用清水清洗漆面，清除残留的抛光剂。
⑤用抛光盘将镜面抛光剂均匀涂抹于漆面。
⑥开机后轻下慢放于操作表面，转速为1800～2200r/min，抛光一遍。
⑦最后再用洗车液清洁车体，擦干后封釉或打蜡。

5. 深度氧化层的处理方法

①首先将车漆表面清洁干净，无须擦干。
②用湿润的研磨盘将深度（粗）研磨剂均匀涂抹于漆面。
③抛光机开机后轻下慢放于漆面，转速调为1000～1400r/min，研磨一遍，然后喷水再研磨一遍即可。
④深度研磨完后用清洁剂清洗漆面，清除残留的研磨剂。
⑤用湿润的抛光盘将抛光剂均匀涂抹于漆面。
⑥开机后轻下慢放于操作表面，转速为1800～2200r/min，抛光一遍，然后喷水再抛光一遍即可。
⑦中度抛光完用清水清洗漆面，清除残留的抛光剂。
⑧用抛光盘将镜面抛光剂均匀涂抹于漆面。
⑨开机后轻下慢放于操作表面，转速为1800～2200r/min，抛光一遍。
⑩最后用洗车液清洁车体，擦干后封釉或打蜡。

▶ 6. 抛光施工准备

准备工具			说明	图示
漆面抛光工具	纯棉毛巾		柔软、防静电,用来遮蔽或擦拭车身,对车身无任何损伤,且能更加提升车身的光泽度	
	抛光盘	海绵盘	海绵盘柔和,易控制抛光程度,技术要求相对较低,适合做透明漆的研磨及抛光	
		羊毛盘	抛光切割能力强,可用作深度切割和严重氧化层的抛光	
	喷壶		在进行研磨抛光作业时,向研磨部位喷水,目的是降温、清洁及润滑。抛光时应使抛光盘和漆面处于持续常温状态,在漆面温度升幅超过20℃时,使用喷壶对抛光漆面喷水降温	
抛光机	卧式抛光机		操作方便,使用寿命长,抛光效果好	
	立式抛光机		体积小巧,携带方便,可以作为打蜡工具使用	

▶ 7. 抛光的手法

抛光的手法主要有轻抛、慢抛、平抛、点抛和翘抛。

①轻抛:指机器快送慢拉过程中,均轻微用力,以免损伤车漆,一般在抛前后杠、门条、门框等塑料物件时,使用这种抛法。

②慢抛:指机器在回拉过程中,施力均匀,速度相对缓慢,便于进一步处理划痕或达到一步晶亮的目的,一般在车况较差,现场演示时用此抛法。

③平抛:指机器在抛光过程中,羊毛盘与漆面成完全吻合状态,防止机器在高速转动时因受力点不均而损伤车漆,这种抛法适用于平面和镜面抛光,侧面没有弧度的情况下使用。

④点抛:根据漆面不同的部位而适当降低机器转速的一种抛法,用于抛漆面的边、棱、筋、角处及车标、门把手等危险复杂的地方。

⑤翘抛:为了增强切削力,使机器的一端边缘翘起,提高抛光速度,一般针对于原车漆或漆面落有杂物时使用此抛法,难度、危险性较高,非技术娴熟人员请勿使用此种抛法。

8. 漆面研磨施工步骤

1. 清洗车身

2. 用黏土去除氧化层

3. 用纸胶带进行车身胶边与金属边的保护

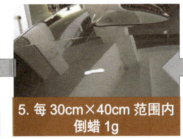
6. 用羊毛抛光轮进行抛光

5. 每30cm×40cm范围内倒蜡1g

4. 抛光机低速转动，让蜡均匀涂抹

注意事项

抛光对于漆面氧化、发乌、有划痕的车辆，可抛掉氧化物、腐蚀物，达到恢复漆面洁净度的目的；缺点是会使车漆变薄，如果操作不谨慎，还可能会抛漏底漆，所以在抛光漆面时应当格外小心！一般，抛光之后需要做镜面还原处理。

为防止抛光时产生的残蜡对车身的其他部位带来影响或污染，在研磨抛光时应做好遮蔽。

对表面上带有冲压线或嵌条的部分，应采用手工抛光，因为这些板件部位极易抛光过度。

抛光时，应用精细抛光剂和布并前后移动。如汽车研磨表面上的亮条、灯缝接口位置、电子眼等地方，一定要做好保护。

车门油漆保护　　倒车后视镜油漆保护

9. 漆面镜面还原施工步骤

步骤一、清洗车辆，完成后先使用 1200~2000 号砂纸将漆面的脏点、流挂等表面瑕疵进行打磨处理。打磨后清理干净。将抛光蜡摇匀，挤适量的蜡液滴在准备施工的表面。注意，上蜡不能过多，如果划痕较浅时，使用中度研磨剂（中蜡）即可。

步骤二、将抛光机转速调整至 600～2200r/min，用配套的抛光盘对漆面进行研磨抛光，并逐渐适当增加压力。操作要决：研磨慢，抛光快；遇硬则硬，遇软则软。当蜡变干时，可以适当洒点水或减轻压力快速移动直到完成抛光。

步骤三、将镜面还原蜡摇匀后挤出适量的蜡液涂抹在干净的抛光盘或车身施工的表面。使用抛光机以 1500～2200r/min 转速对抛光时产生的螺旋纹进行镜面处理。在施工时，可以适当增加压力，当蜡变干时再适当减少压力，快速移动抛光轮抛出镜面光泽。抛光完成后，检查漆面亮度，如有残留蜡脂，可用干净毛巾擦拭干净即可。

10. 抛光的顺序

右前盖→右前翼子板→前保险杠→左机盖→左前翼子板→左后视镜→左车顶→左侧门窗框→左前门→左后门→左后翼子板→后盖→后保险杠→右后翼子板→右车顶→右后视镜→右侧门窗框→右后门→右前门

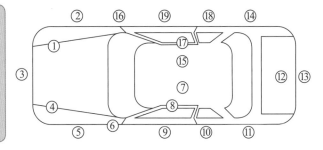

抛光检查标准

①亮度：抛光后亮度计数在 80 度以上，呈实体倒影，清晰度在 75% 以上。

②漆面：车身表面无污垢（研磨剂、油渍、沥青）存留（水珠、泥污、固化研磨剂），检验是否有漏抛（漆面光泽暗淡、划痕较多）或抛漏（出现底漆的地方）。

③划痕：对于中深度划痕来讲，抛光后若不进行打磨处理，划痕仍然会在车身表面，只不过表面效果会改善约 20%；若进行水磨处理后，中度划痕会改善 85% 以上，深度划痕仍无法消除，只能进行烤漆处理。

用时用量：在整个抛光过程中，单车抛光研磨剂的用量不超过一瓶，约 250mL。两个比较熟练的施工人员，一般在 2.5~3h 完成。

注意事项

①研磨作业完后，必须彻底清洁抛光研磨残渣，并用压缩空气吹净边缝部位，然后进行精细抛光。

②对于边、角、棱、突起部分以及漆膜有可能被磨穿的部位，应事先以纸胶带贴好，等使用抛光机抛光完成后除去胶带，再用手工进行局部抛光。

③对于有划痕的车漆表面，需用砂纸打磨时要使用汽车美容砂纸（如 1500 ~ 2000 号），并且要注意打磨的深度。

④对于局部较严重的划痕，在研磨抛光前应该先用专用的汽车美容砂纸结合水对其进行打磨，然后才用粗、中、细三种研磨剂进行研磨抛光作业。

6.4 汽车封釉

封釉的原理是在车漆表面形成一个膜层，阻隔车漆被氧化并防止其他物质腐蚀车漆。封釉美容可以避免车漆氧化，具有使漆面增亮、抗酸碱、抗氧化、抗紫外线等多重功效。由于釉的材料本身是一种无机物，对车漆没有损害。釉剂不溶于水，可以避免汽车打蜡后怕水的缺陷。

车漆经常暴露在阳光和复杂的空气环境中，在 60 天内就会形成肉眼可见的氧化层。氧化层会使汽车漆面出现褪色、表面粗糙的现象。虽然新车表面一般都有一层保护层，但时间一长（一般在 3 个月左右），保护层上面的亮油就会变薄脱落，起不到保护作用。所以，如果新车几个月不进行漆面保护，紫外线、酸雨和沙尘这三大杀手很容易就会伤害到车漆。

▶ 1. 打蜡、封釉、镀膜的区别

蜡的主要成分是石油，优点在于打蜡以后能够去污，增加光亮度，但功效保用时间短，只有 7～15 天的保用时间。

封釉的主要成分也是石油。所谓封釉，就是通过专用的振抛机把釉压入车漆内部、形成网状的牢固保护层。由于釉富含紫外线吸收剂，可以使漆面和空气隔绝，具有隔紫外线、防氧化、抵御高温和酸雨的功能。它的保用时间长一些，一次封釉可以维持 8～12 个月。一般可分为三次到六次把整个工序完成。但如果经常在车身上面抛光，车身漆面会受到伤害。

镀膜的特性在于能在车漆表面形成保护层，隔绝外界物质对面漆的损害。它的保用时间为 18～20 个月，一般车身的硬度是 2～3H，镀膜可以形成较厚的保护层，硬度可以达到 9H。

▶ 2. 汽车封釉的优点

汽车打蜡所使用的蜡都是溶于水的，因此如果汽车刚刚打完蜡就碰上阴雨天气，打上的蜡就会被雨水所溶解，起不到保护漆面和美容的作用。汽车封釉后，釉剂不会被水溶解，可以长期保护汽车漆面。

釉剂具有独有的漆面保护性和还原性，具有有效去除污垢，渗透填塞漆孔的功能。

釉剂具有表面不粘、不附着的特性，可使漆面即使在恶劣和污染的环境中也能长久保持洁净，还可以有效地抵御温度对车漆造成的影响。

封釉后漆面的硬度也可以得到大幅度提高，同时具有防酸、防碱、防褪色、抗氧化、防静电、抗紫外线等作用。

3. 封釉设备、材料、工具

封釉所需的主要设备和工具有封釉振抛机、不脱毛纯棉毛巾、纸胶带等。

工具	
研磨剂	喷水壶
镜面处理剂	水晶蜡
还原剂	美容泥
封釉套装	沥青清洗剂（备用）
封釉机	牙刷
抛光机	封釉专用毛巾

▲ 封釉机

▲ 抛光机

▲ 封釉套装

▲ 水晶蜡

4. 封釉流程

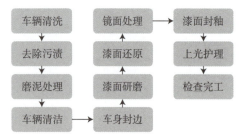

1 洗净车身漆面，去除漆面浮灰、表面泥沙、污垢。

2 手握魔力胶泥绵，胶泥面沾湿向下，在漆面分块擦拭，边用喷壶喷水边擦拭漆面，同一面积反复两次即可。

3 擦拭时有颗粒感须及时清洗胶泥面，以防止颗粒划伤漆面。遇虫尸、鸟粪、铁粉之类顽渍可增加擦拭次数。

汽车封釉关键步骤如下：

步骤一、脱蜡清洗。为保证封釉效果，封釉前必须用脱蜡洗车液对车身表面进行清洗，注意不要有污物残留，残留物会在擦拭车身时造成摩擦而损坏车漆，稍不注意就会损伤其光洁度。车身表面清洗干净并擦干后，还要用压缩空气把洗车时残留在车体接缝处的水一点点地吹出来。

步骤二、全车贴防护胶条。清洗干净后，要用胶条把车身上所有与漆面相邻的金属件和橡胶件的边缘部分以及诸如车标、字母等都粘贴起来。如果有塑料护板，也一定要用报纸等把护板挡起来，以免抛光时损伤，同时在后续工序才不会对这些部位造成污染、腐蚀、残留等不良影响。

步骤三、抛光处理。看漆面是否有氧化层和划痕，如果有，要先对车身漆面进行抛光处理，抛光完成后，再把车身清洁干净（主要是要把研磨剂擦干净）。把车开到无尘车间，等待封釉。

步骤四、还原处理。就像人皮肤上的毛孔需要清理一样，车漆的"毛孔"也需要清洁。使用抛光机配以抛光轮、还原剂，在抛光机旋转的同时产生静电，发生还原反应，将车漆"毛孔"内的脏物吸出，使车漆恢复新车漆的状态。如果用增艳剂，可以将增艳剂渗透到车漆内部，达到车漆增艳如新的效果。同时还可以将车漆表面细小的划痕磨平。

步骤五、封釉。将釉剂摇匀,把少量釉倒在车身上,用封釉振抛机将上釉区域的车表釉液蘸涂开来,然后轻轻下压,开机转速在 2200～2500r/min 之间,均匀涂抹釉液于车表形成薄薄一层糊状物。封釉机应走直线,如先纵向涂抹,再横向重复涂抹一次(即井字形走向),至釉液充分渗透吸收到车漆表里。釉充分渗入漆面干透后(未干透即擦干会影响其质量),用不脱毛纯棉毛巾或干净的擦车巾轻轻擦去外表多余的产品粉末使其干净。此刻车表已光亮柔滑(切记擦拭时要做直线运动,不要做圆圈运动)。

步骤六、后处理。封釉后车身上的细小划痕都会被遮盖住。把纸胶带、遮蔽纸等撕掉,并用麂皮或不脱毛毛巾处理干净被粘贴表面。

步骤七、完工检查并清理现场。
① 车辆完工检查。
② 车辆驶出车间应及时清洁场地,保持地面湿润。
③ 施工工具按指定位置摆放整齐。
④ 地面无胶带、纸屑、残留物等。

注意事项

① 施工前,要做好漆面检查工作,不能去除的漆面病症要向客户说清楚。
② 一定要先将沥青去除干净,才可以进行漆面处理。
③ 漆面处理前,要先将漆面装饰条用纸胶布遮蔽。
④ 在做漆面处理时,要注意温度,漆面温度太高时,一定要使用喷壶喷自来水,待漆面冷却后才可以继续操作。

⑤ 漆面研磨后，一定要将车身研磨粉尘清洁干净，然后进行下一步的施工。

⑥ 漆面处理完毕后，要将车身冲洗、清洁干净，然后才能进行封釉操作。

⑦ 使用牙刷清缝时，不要刷在漆面上，避免擦花车漆。

⑧ 施工时间为 3h 左右。

⑨ 切记封釉后 8h 内不要用水冲洗汽车，因为在这段时间内，釉层还未完全凝结将继续渗透，冲洗会冲掉未凝结的釉。

⑩ 做完封釉后尽量避免洗车，一般灰尘用干净柔软的布条擦去即可。

⑪ 做了封釉后不要再打蜡，因为蜡层可能会黏附在釉层表面，再追加上釉时会因蜡层的隔离而影响封釉效果。

⑫ 有的美容店封釉时用烤灯烘烤漆面，其目的是为了使釉更好地渗入漆面。但如果掌握不好时间和距离，干燥过快，封釉效果会适得其反。

⑬ 漆面封釉后一年之内可以不用打蜡，而且洗车会破坏封釉，所以最好不要到电脑洗车房洗车。洗车时不要用碱性洗涤剂清洗，要用中性洗涤剂清洗，否则会破坏封釉效果。

⑭ 封釉时一定要选择优质釉。

6.5 汽车镀膜

▶ 1. 汽车镀膜操作工艺标准流程

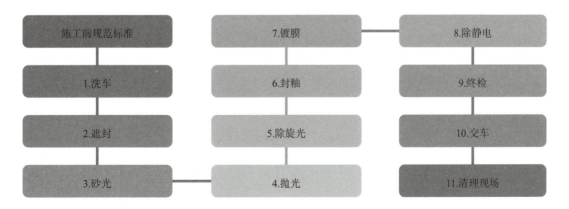

镀膜操作前应做好如下准备工作：

① 做好个人防护。

② 工具准备，见列表清单。

工具准备			
1	水桶中盛半桶水兑少量中性洗车液，根据车漆的软硬度，分别用 2000 号、1500 号、1200 号砂纸来打磨	7	美纹纸
2	高速抛光机（4500r/min）	8	专用研磨剂
3	高速吸盘	9	吹风枪
4	兔毛球	10	磨板
5	遮蔽纸	11	麂皮一块
6	大浴巾 2 条	12	洗车泥一块

2. 漆面镀膜施工步骤

步骤一、车身清洗。去除车身灰尘、泥沙、虫尸体等。去除漆面氧化物、沥青、铁粉等。冲除去污后产生的污渍。使用毛巾及气枪将车身及边缝水渍去除。

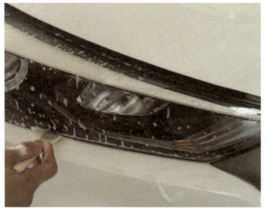

步骤二、遮蔽保护。使用防护纸胶带、遮蔽膜对车身外部的玻璃、装饰件进行防护，防止抛光时对其造成损伤。使用抛光机配合研磨剂等对车漆进行抛光还原处理，去除漆面划痕，使车漆达到镜面效果。

步骤三、将车辆进行二次清洗，清除残蜡。使用毛巾和气枪将车身及边缝水渍去除干净，防止水渍与镀膜液产生反应，影响镀膜施工。

步骤四、1号镀膜剂的施工。倒取少量1号镀膜剂于振抛机上，横竖交叉沿水流方向涂抹施工。整车涂抹完毕后，无需等待，使用干净的干毛巾把1号镀膜剂轻轻地擦拭至亮滑。操作时要注意避免衣扣、工具等划伤漆面。使用时用量不宜过多，不可使用手工涂抹，用毛巾擦拭应细心，不能有遗漏。

步骤五、2号镀膜剂施工。使用细海绵条蘸少许2号镀膜剂以横竖沿水流方向轻轻地涂抹擦拭,等待约30s后使用干净的专用毛巾轻轻地擦拭至亮滑。最后检查镀膜后的效果,在检查时与漆面保持45°进行观察,如果没有施工遗漏,镀膜工作完成。

6.6 汽车镀晶

汽车镀晶是一种漆面密封技术,可在施工表面形成一个隔离层,该隔离层具有抵抗紫外线,抗油,疏水等功能,能够高效持久地保护车漆,防止环境对车漆颜色带来的影响。

▶ 1. 汽车镀晶的作用

①耐划痕:镀晶层硬度达6H,能防止大多数轻微的划痕,并且自身有弹性恢复功能,不会伤及油漆。

②耐腐蚀：能有效防氧化，耐鸟粪、飞虫浆液、酸雨等的腐蚀。

③不龟裂：耐温范围达 -50～300℃，适应温度变化范围宽，不会产生龟裂、脱落。

④拨水强：低表面能张力与水珠相斥，有超强的拨水性，不沾水。

⑤易清洗：镀晶可填补车身漆面看不见的细小毛孔，使漆面达到镜面效果，使车身易清洗保养，具有超强的疏水自洁功能。

⑥抗静电：汽车镀晶含抗静电剂，使漆面不易吸附粉尘，拒绝"交通膜"。

⑦更光亮：晶体结构可以增加光的折射，使车面亮度更高，漆面晶莹绚丽。

⑧节省：可减少洗车、打蜡费用，并且使原车漆得到更好保护。

▶ 2. 漆面镀晶施工步骤

步骤一、车身清洗。去除车身灰尘、泥沙、虫尸体等。去除漆面氧化物、沥青、铁粉等。冲除去污后产生的污渍。使用毛巾及气枪将车身及边缝水渍去除。

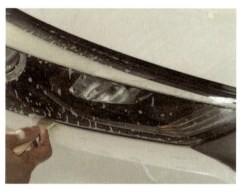 

步骤二、遮蔽保护。使用防护纸胶带、遮蔽膜对车身外部的玻璃、装饰件进行防护，防止抛光时对其造成损伤。使用抛光机配合研磨剂等对车漆进行抛光还原处理，去除漆面划痕，使车漆达到镜面效果。

步骤三、用脱脂剂进行脱脂，将脱脂剂与水按 1 ∶ 50 稀释后均匀喷洒于车漆表面，去除抛光还原后残留的油脂和蜡脂，去除残留在车身上面的油污，使镀晶能更好地附着渗透于漆面，防止油污影响镀晶施工。脱脂时应使用新毛巾或干净的软毛巾，避免在车漆上产生划痕。

步骤四、再次彻底清洗车辆，并将车身擦拭干净，使用吹风枪将车身上面的水迹吹干。

步骤五、漆面镀晶。使用细海绵条蘸少许镀晶剂以横竖沿水流方向轻轻地涂抹。等待4min后使用干净的毛巾轻轻擦拭镀晶直到漆面透亮即可。注意避免在车漆上留下晶液残留。6h后，用细海绵条蘸少许保养剂以横竖沿水流方向轻轻地涂抹。全车涂抹完毕后使用干净的干毛巾把车漆擦拭透亮即可，镀晶施工结束。

注意事项

① 镀晶涂抹不可整车进行，应分块涂抹。
② 擦拭应仔细，不可有遗漏。
③ 镀晶施工后24h不能沾水，7天内不能洗车。
④ 操作时要注意避免衣扣、工具等划伤漆面。

6.7 汽车液体玻璃镀膜

液体玻璃膜是玻璃贴膜的换代产品，施工前为液态，喷涂后30min干燥固化成膜，膜层透明，厚度为5～8μm，粒径小于20nm，具有良好透光性。

液体玻璃镀膜的施工准备：专用擦拭海绵、无纺擦布、毛巾、液体玻璃镀膜套装。液体玻璃镀膜套装包括油漆脱脂剂、液体玻璃1号液、液体玻璃2号液、催化剂、镀晶保养剂。

汽车液体玻璃施工方法

步骤一、彻底清洗车辆。将车身彻底清洗并擦拭干净,使用吹风枪吹干车身上面的水迹。

步骤二、抛光。根据车身划痕和氧化膜的程度选择粗蜡、中蜡或者细蜡,抛光的方法参考前面的漆面研磨施工,抛光完成后将残蜡擦拭干净。

步骤三、漆面脱脂。使用漆面脱脂剂将漆面的蜡质与油渍去除,也可以使用体积分数为70%的医用酒精进行脱脂。

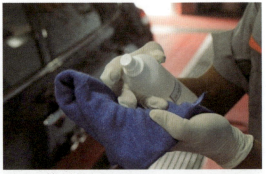

步骤四、再次彻底清洗车辆。将车身彻底清洗并擦拭干净,使用吹风枪将车身上面的水迹吹干。

步骤五、先用力将1号液瓶子的液体摇匀,然后将液体均匀地滴在施工海绵或车身上面,分小区域将液体横向、纵向均匀涂抹开,例如,发动机舱盖可以分成4块进行操作,注意发动机舱盖发热或发烫时不要操作。再使用专用的无纺布将刚刚涂抹完成的区域轻轻擦拭至亮滑为止,即涂即擦,中途不需要等待,擦亮的时候注意换一个角度看一下是否擦亮,完成一个区域后再施工下一个区域。以同样的方法完成整个车身的施工,施工的部位包括前照灯的表面、装饰条、玻璃等部位。有涂抹不均匀的地方可以再补充涂抹,注意涂抹后3min即可以擦拭,不要等太久。涂抹液体玻璃液时不能来回乱涂,1号液涂抹完成后将车辆静置30min。

步骤六、等1号液施工完成30min后,再用2号液按照1号液的施工方法均匀地涂抹车身并擦拭亮滑。

步骤七、涂抹催化剂。液体玻璃镀膜剂施工完成后约 1h 将催化剂涂抹在车身表面，操作方法与液体玻璃镀膜剂的操作方法一样。注意，汽车风窗玻璃与车窗不需要涂抹催化剂。

步骤八、施工完成后检查施工效果。汽车液体玻璃镀膜工作完毕，清理作业现场。施工后，24~72h 内应避免洗车或者淋雨。玻璃镀膜 6~8 个月后，再将套装内的镀晶保养剂按照步骤一～步骤五的施工方法将车身施工一遍，可以修复在日常使用中损失的结晶体，使车身表面顺滑、光泽、亮度、驱水性再次提高。

第 7 章 漆面划痕处理

7.1 汽车油漆基础知识

汽车漆面一般由底漆、中涂层、面漆三部分组成，其中面漆有色漆与清漆两层漆层。清漆层有两个作用：一是增加漆的亮度和反光度，二是用以保护色漆层。清漆具有以下特点：

①清漆美观，光泽度很高，但易出现划痕。如果洗车后用稍有些发硬的毛巾或麂皮擦车，就会发现发丝状的划痕。

②目前原厂采用的清漆材料主要为高温固化的单组分漆聚氨酯或聚酯，修补漆常用的清漆材料主要为自然固化的双组分丙烯酸酯类。

③清漆含有减少色漆层紫外线照射的保护功能，只要清漆层完好无损，就可有效延缓色漆层的老化。

④清漆比普通漆更易受到环境污染的侵蚀。

▶ 1. 车漆的种类

汽车常使用的车漆大概可以分为三种，普通漆、金属漆和珠光漆。

普通漆就是素色漆，大致有黑色、白色、红色、黄色等基本颜色。普通漆中不会掺杂过多的银粉或没有添加金属粉末，因此普通漆的颜色通常比较纯正，但漆面本身的光泽表现比较平淡，而且漆面的强度不是很高。漆面为普通漆的车辆在清洁时一定不可以直接以干布或湿布擦拭，而要用大量的清水先冲掉附在车漆表面的灰尘，这样才不会在清洁布一接触车体时就让灰尘中的颗粒有机会刮伤车漆。

金属漆是在漆中掺配了金属粉末，不但可以让经过涂装后的钣金件表面看起来更闪闪动人，而且在不同的角度下，由于光线的折射，会让车身颜色，甚至轮廓都有所变化，让整车外观造型看起来更丰富，更有立体感。由于有了金属成分，因此金属漆的硬度提高，漆面变硬。

珠光漆与金属漆类似，但是加入的是云母粒。云母具有很薄的片状结构，因此反光有方向性，就产生了色彩斑斓的效果。不过与普通漆和金属漆相比，珠光漆在原厂车型中的应用并不多，主要是出于成本的考虑。

▶ 2. 普通漆和金属漆的识别

①肉眼观察。金属漆的光泽层次较丰富，而普通漆看上去却比较平淡。

②可以用湿毛巾蘸一些研磨剂，在车漆上磨几下，如果湿毛巾沾上颜色则证明是普通漆。

提示：对于金属漆，有一个传统的检测方法：拿一张报纸，放在汽车漆前面，若能从金属漆反射的影中读报，说明此车的金属漆有影深，表层也光滑如镜。如果是普通漆或是受到破坏的金属漆则达不到这种效果。

▶ **3. 漆面平整修理**

漆面的小微伤多采用打磨的方法先进行处理。

打磨部位一般使用1200～2000号水磨砂纸配合硬质打磨垫块(不可使用软打磨垫)来进行，因为较细的砂纸产生的打磨痕迹比较容易抛光。但有时需要打磨的区域比较大，为提高效率，可以用较粗的砂纸(如800～1000号)先打磨一遍，待基本完成后再逐级用细一级的砂纸打磨，直到打磨痕迹可用抛光的方法消除为止。注意不要跨级使用砂纸。

7.2 划痕处理方法

处理划痕首先要看这些划痕的深浅程度，如发丝划痕、微度划痕、中度划痕和深度划痕。面漆从外到里分别为清漆层和色漆层。

▲ 微度划痕　　　　　　▲ 中度划痕　　　　　　▲ 深度划痕

1. 浅划痕的处理

发丝划痕指洗车、擦车或轻微摩擦而产生的细划痕，一般手摸无感觉。抛光可去除。微度划痕指表层面漆轻微刮伤，划痕穿过清漆层。微度划痕处理：已伤及色漆层，但色漆层尚未刮透，可以直接研磨抛光进行处理。对于伤及漆面的浅划痕，可以通过点漆的方法进行修复，但是修复处漆的附着力小，容易剥落而难以持久。因此对于表层漆面轻微刮伤的车身，经检查未刮透面漆层，可采用修补工艺进行修复。

2. 中度划痕与深度划痕处理

汽车漆面中度划痕是指色漆层已经刮透，但尚未伤及底漆层的划痕；仔细查看伤损部位，如果伤损面积超过该部件的 1/3，应采取过渡修补的方法修复。

过渡修补就是在伤损部位进行打磨，之后在伤损部位旁边用水磨砂纸打磨成亚光，在伤损部位打上色漆，然后喷涂清漆的时候将伤损部位旁边区域一起喷涂，最后再打上驳口水抛光洗车，这样就可以最大化地保留原车色漆，同时也避免了色差的问题。

如果伤损部位超过 2/3 打磨之后接口，所剩部分就已经很少，失去了局部修补的意义。应在漆面干燥之后进行抛光处理。

深度划痕即刮伤划痕与人为划伤，刮伤划痕是指汽车因碰撞、刮擦等原因造成的车身局部损坏、板面变形、破裂等创伤，使涂层严重损坏。

对深度划痕首先应清除损伤板面的旧漆层，用钣金或焊装等方法修复好已损伤车身的板面，达到与原来的形状尺寸一致的要求，然后进行修补涂装。

点漆

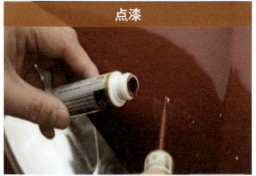

3. 汽车修补涂装施工流程

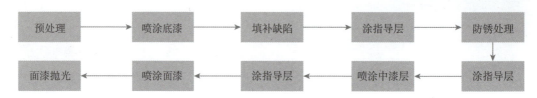

> **注意**：喷指导层（碳粉）是指在修复区表层涂抹原子灰并进行打磨，打磨后观察修复区表面是否留有原子灰处理的表面缺陷，可以帮助将喷漆部位处理得平整和细腻，增强面漆的效果，提高漆面的附着力。

▶ 4. 汽车漆面刮伤划痕维修程序

（1）钣金修复
针对板面的变形，先清除损伤板面的旧漆层，用钣金或焊装等方法，修复好已变形车身的板面。

（2）底漆层填补
汽车涂装是多层涂装，钣金完成后，应对修复区进行底层防腐、填充缺陷并打磨平整。

（3）喷涂中涂层
中涂层是在底漆层与面漆层之间的涂层，将车辆表面冲洗干净，去脂喷涂。

（4）面漆喷涂
将干燥的中涂底漆细磨处理后清洗，对将要喷涂的面漆进行调制、喷涂，并罩上清漆与驳口水。

（5）干燥抛光
抛光表层并处理喷漆后漆面出现的轻微缺陷。用极为精细的抛光剂抛光研磨，使表面平顺、光亮如新，最后打蜡上光，使漆面还原。

▶ 5. 发丝划痕的处理方法

①首先用洗车液清洁车体，无需擦干。
②用湿润的抛光盘将抛光剂均匀涂抹于漆面。
③调整抛光机转速为 1800～2200r/min，起动后将抛光盘轻放于漆面，抛光一遍，而后喷水抛光一遍即可。

④中度抛光完用清水清洗漆面,清除残留的抛光剂。
⑤用抛光盘将镜面抛光剂均匀涂抹于漆面。
⑥抛光机开机后轻下慢放于操作表面,转速为1800～2200r/min,抛光一遍。
⑦最后用洗车液清洁车体,擦干后封釉或打蜡。

▶ 6. 微度划痕的处理方法

①首先用洗车液清洁车体,无需擦干。用1500～2000号美容砂纸对划痕部位进行打磨至亚光。
②用湿润的研磨盘将深度研磨剂均匀涂抹于漆面。
③抛光机开机后轻下慢放于漆面,转速为1000～1400r/min,研磨一遍,而后喷水研磨一遍即可。
④深度研磨完后用清洁剂清洗漆面,清除残留的深度研磨剂。
⑤用湿润的抛光盘将抛光剂均匀涂抹于漆面。
⑥抛光机开机后轻下慢放于操作表面,转速为1800～2200r/min,抛光一遍,然后喷水抛光一遍即可。
⑦中度抛光完用清水清洗漆面,清除残留的抛光剂。
⑧用抛光盘将镜面抛光剂均匀涂抹于漆面。
⑨抛光机开机后轻下慢放于操作表面,转速为1800～2200r/min,抛光一遍。
⑩最后用洗车液清洁车体,擦干后封釉或打蜡。

▶ 7. 深度划痕的修补施工流程

步骤一、底层处理。如果是浅划伤不需要抹原子灰,可直接打磨直到没有痕迹就可进行下一步抛光,处理方法见"微度划痕的处理方法"。如果是划伤不需要补土填充,可直接用P320砂纸把伤损处打磨平整,伤损中心至羽状边边缘半径应在60～100mm为宜。如果是深度划伤或者小坑,则需要抹原子灰。如果有变形,就需要做钣金处理。取适量的原子灰和固化剂均匀搅拌,刮灰时先挤实坑凹或伤痕处,然后将刮板呈45°刮平伤损部位。在打磨前,最好先将施工以外的位置用美纹纸胶带粘贴保护,尤其是边角部位更应注意,防止打磨时造成不必要的伤损。

步骤二、砂光处理。可以使用 P800 砂纸打磨光滑。打磨完成后,对喷涂的位置进行清洗,并使用吹风枪将缝隙、边角的水迹吹干。待干燥后用 P320 砂纸打磨平整再用 P800 砂纸打磨光滑就可以喷涂底漆了。

步骤三、遮蔽。对施工部件以外的部分用美纹纸胶带粘贴遮蔽膜或遮蔽纸进行遮蔽,防止其他地方的漆面被雾化。

步骤四、清洁除油。使用除油布蘸少许除油剂把喷涂部件擦拭一遍,再用粘尘布配合气枪将喷涂部件认真擦一遍就可以喷涂色漆了。

步骤五、喷涂底漆。喷涂底漆时注意气压不要太大，控制在 2kPa 内，湿喷 1/2。底漆干燥后检查有无缺陷，并用填眼灰处理缺陷，然后用 1000 号砂纸把底漆及要喷涂的范围打磨光滑，接口处要用 P2000 砂纸仔细打磨，以便接口更好地融合。

步骤六、喷涂色漆。将调好的色漆稀释，充分搅拌并过滤，喷涂时要注意控制范围，喷涂气压为 2kPa，要干喷，先遮盖底漆逐步向外过渡，直到没有色差为止。

步骤七、喷涂清漆。在喷涂部位喷完清漆后 3min 打开烤灯，因为清漆需要 5min 流平、静置时间，烤灯需要提前 1～2min 打开以做好准备，准备好后就可以使用。使用时佩戴好专用防护用具，先照射边缘再照射中间以便提高速度，小面积照射 7～9s 即可干燥。面积大时,相对照射的时间要长。可用手在遮蔽纸上感觉清漆是否干燥,然后再用手摸漆面,感觉光滑就说明干燥了,否则就需要再重复一遍。修复材料喷好后进行驳口处理,将修复材料和引发剂混合好的材料和驳口水按照比例混合并在接口处喷涂,喷涂时气压要稍大,从新喷漆处向原漆过渡,不能喷涂太厚,要均匀过渡。

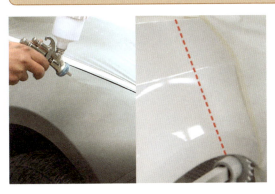

步骤八、漆面修饰抛光处理。面漆喷涂结束以后,涂装的工作已经大部分完成,但还需要进行最后的修整工作。涂膜的修整主要包括清除贴护、修理小范围内的故障和表面抛光等。喷涂过程中常常会由于种种原因在面漆表面造成一些微小的故障,例如流挂、个别的涂膜颗粒(脏点)、微小划擦痕迹和凹坑等,因此必要时要进行修理。专业化抛光打蜡请参考第6章所述的内容。最后,完工后检查漆面,清理工作现场。

第 8 章 汽车精细化美容作业

8.1 施工前准备

专用喷液机、高压水枪、吸尘器、吹风枪、工具车、轮毂清洗刷、海绵、玻璃清洗剂、配比容器、内饰魔力绒布擦、玻璃清洗海绵、雾化消毒机、专用清洗枪、发动机清洗刷、轮毂清洗剂、小毛巾、大毛巾、车载甲醛净化器等。

8.2 精细化汽车美容施工步骤

步骤一、将车辆安全地停在洗车工位，用专用喷液机将配比好的洗车香波均匀快速地喷到车漆的表面。动作要领：右手提枪，右肩背线，左手辅助背线动作。在喷涂时，车漆的每一个部位都要喷涂到位，不需要擦洗。

步骤二、将车辆静置20s,如果是淋过雨的车辆,应停留1～2min。左手提线,右手提枪,左右各一人,用高压水枪从上至下、从前到后冲洗一遍,保证车辆底边、挡泥板等位置没有泥沙残留。冲洗的顺序为:车顶—前风窗—前盖—前杠—前翼子板—前门—后门—后翼子板—后风窗—后盖—后杠,水枪离车辆10～15cm,倾斜的角度为45°,冲洗完毕后,立即将水枪与喷液机恢复原位。

步骤三、去除虫胶。将虫胶分解剂均匀喷在有虫尸的地方(主要在前杠、发动机舱盖、前风窗等部位),待虫尸分解后,用少许水或直接用毛巾擦拭,再用干净毛巾将残留擦拭干净。

步骤四、清洗玻璃。将玻璃清洗剂喷洒在风窗玻璃的表面,使用专用的玻璃清洗海绵轻轻地画圈擦拭玻璃,一边擦拭一边用少许水冲洗,直到玻璃没有水膜现象。清洗玻璃时,注意保护塑料件与刮片,完成后将车辆移动到擦拭区域。

步骤五、车辆擦拭。两人配合，使用大毛巾，各持一端，从前到后将水珠拖去，然后使用小毛巾擦拭车身与门边，并用吹风枪吹缝。要把边缝、车标、车门把手、后视镜、玻璃胶条等部位用吹风枪将水迹吹干净。

注意：擦拭玻璃时，用专用小毛巾擦拭前、后风窗玻璃以及车窗玻璃。

步骤六、漆面滑水镀膜。将滑水镀膜剂均匀地喷洒在车漆的表面，然后使用干净的毛巾轻轻地擦拭均匀，将残留的滑水镀膜剂擦拭干净。

注意：按照同样的施工方法将全车的漆面再擦拭一遍。

步骤七、玻璃镀膜。首先将前风窗玻璃的密封胶条使用美纹纸胶带进行遮蔽，然后将玻璃镀膜剂均匀地喷涂到风窗玻璃的表面。喷涂之后使用干净的毛巾将镀膜剂轻轻地擦拭均匀，之后将残留的镀膜剂擦拭干净。擦拭时应注意将玻璃的边缘擦拭干净。

步骤八、车内吸尘。先将脚垫从车内取出,使用专用毛巾擦拭仪表台、座椅、门边,拿出烟灰盒,倒掉烟灰后将烟灰盒清洗干净后放回车内原处。车内饰擦拭完成后,一人吸尘、一人清洗脚垫。使用吸尘器将车内地毯、边缝等位置的脏物清理干净,清理完成后,将脚垫放回车内原处。

步骤九、内饰清洗。先对座椅的皮革进行清洗,将清洗液注入喷液机,施工时,喷枪与座椅皮革的表面呈45°角,清洗完成后,使用干净的湿毛巾轻轻地往复擦拭即可。

清洗绒布。施工的方法可以按照清洗皮革的方法进行操作。操作时注意喷枪的压力，避免压力过大将车辆内饰表面的绒布吹起毛绒。

清洗车门内饰。将清洗液均匀地喷洒在车门内饰的表面，注意车窗开关、中控台等电子零部件，然后使用毛巾轻轻擦拭车门内饰。**注意：**毛巾要清洗，保持干净。

步骤十、车门槛脚踏印痕的处理。使用鞋痕处理专用去除剂涂抹在印痕的部位，然后使用干净的潮湿毛巾往复轻轻地擦拭干净即可。**注意：**不要将该类产品用在真皮上面，为防止饰板纹理损坏，擦拭时不要用力过度。

步骤十一、真皮护理镀膜。将真皮镀膜护理剂倒在专用的海绵上,然后均匀地涂抹到皮革的表面,涂抹多了的地方要使用干净的毛巾擦拭均匀。涂抹完成后,静置 3min,即可完成真皮的镀膜护理。**注意**:涂抹后不要用手去触摸。

步骤十二、室内雾化消毒。将纳米雾化消毒液放到雾化消毒机指定的位置,连接好电源后,将雾化消毒机放置在座椅的搁脚位置,放置之前应先在下面垫一张纸质脚垫。

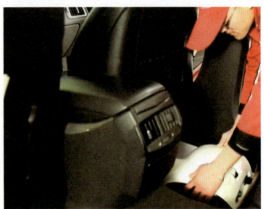

打开雾化消毒机电源开关,起动雾化机,预热 3min 左右,等到绿色指示灯亮起就可以进行雾化消毒。

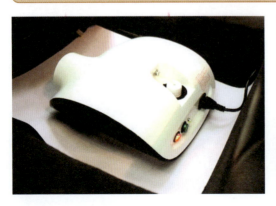

雾化消毒的方法：起动发动机，打开空调内循环，将车窗玻璃全部关闭，关上车门，在汽车的外部按下遥控器上面的"OK"按键，雾化机会自动开始雾化约60s后停止雾化。这时，不要打开车门，等里面的纳米喷雾在车内雾熏5min后再进入车内，打开空调外循环，进行空气管道杀菌消毒，在杀菌消毒的同时将干燥的纳米雾化药剂从车内排出，直到完全排除，消毒工作结束。结束后，将雾化消毒机断开电源并放回到工具车上。

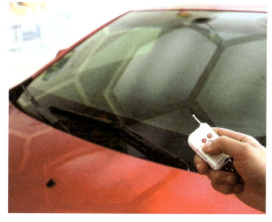

第 9 章 汽车贴膜与底盘装甲

9.1 隐形车衣的贴护方法

隐形车衣是一种透明漆面保护膜,这种漆面保护膜,有很好的拉伸性、柔韧性、耐磨性、不变黄,装贴后可使汽车漆面与空气隔绝,防酸雨、氧化,抵抗划伤、碰撞,持久保护漆面。

① 耐磨性极强,寿命5~7年。
② 超透明,膜面无胶纹和胶圈,带弹性,极易操作,大大减少了施工时间。
③ 可以修复不良材料的细小划痕。
④ 装贴后具有防沥青、树胶、虫液、鸟粪、酸雨、盐水腐蚀等功能。
⑤ 耐水冲击5MPa,耐高温150℃,低温-80℃。

在粘贴时,应根据车身形状制订出施工方案,保证美观的同时又要节约用料,要求施工人员必须相互配合好,以使左右对称一致,整体实用美观。

贴膜前的准备工作: 工具包括裁膜刀、烤枪、塑料刮板、橡胶刮板、喷水壶等。

操作说明: 施工最好是在无尘车间里进行,对隐形车衣进行车身打板。车衣都是一整块贴的,完全贴合漆面。撕开底胶一层覆膜,向背胶处喷自制贴膜液,撕膜会产生静电,可用水阻止静电,贴上车膜后进行赶膜直到完成。湿贴法的好处:膜贴覆好后,贴膜液能保证膜面有一定的流动性,保证施工过程中可以适当调整粘贴的位置。注意不要让膜碰到其他地方沾上不必要的泥沙与灰尘。

1. 隐形车衣施工流程

工具准备 → 清洁车辆 → 彻底清洗贴膜的部位 → 贴膜的漆面洒水 → 揭膜并放置于漆面 → 将车膜定位 → 固定起始位置 → 顺序赶水 → 消除边角气泡 → 用烤枪烘烤收边 → 清洁表面 → 完工检查

注意事项

①贴膜后 72h 内切勿洗车，不能在恶劣天气下行驶，以免水分不干造成车膜脱落。

②为了避免物理染色，应尽快除去保护膜表面污物。

③每月至少清洗一次车辆，使用软布或干净的微纤布擦拭车辆。

④日常保养可使用水溶性水蜡、去污蜡清洗膜面。

⑤请勿使用带研磨剂的固体蜡抛光剂或会产生磨损的清洗剂、黏土或者其他类型的磨损材料。

2. 隐身透明车衣施工步骤

步骤一、首先将车辆进行彻底清洗，确保车身无泥沙，无油渍、污物，车身漆面如果光泽度差或划痕明显，应进行抛光打蜡，然后务必要将蜡渍等清洗干净。检查车辆是否有损坏的地方，并做详细的记录并和客户一起确认。

步骤二、将贴膜的位置喷湿，然后将粗裁的膜平铺在漆面，根据车辆的尺寸，剪裁出整块的隐形车衣，然后按照车身的流线布局进行进一步的剪裁，注意至少留 1.5cm 以上的切边。例如发动机盖部分，就是按照发动机盖的形状剪裁出适合的隐形车衣轮廓，方便下一步的对隐形车衣的施工。

步骤三、再次喷液清洁车身贴膜部位，贴膜前还需再次喷液润滑。撕膜时立刻往胶面上喷液，防止静电吸附灰尘，要均匀地喷雾来润滑胶面，然后将膜覆在需要粘贴的表面。

步骤四、将保护膜定型,在定型时确保膜的胶面与车的漆面有足够的润滑液,根据施工部位的流线形状,做膜的相应拉伸,确定最终定型。在贴膜时先不要撕掉最外层的保护层,这样可减少划痕的出现,在使用烤枪烘烤时应注意烘烤的温度和方向,烤枪的温度在250～300℃。注意:不要在局部长时间烘烤。如表面比较平整,弧度不大,则可直接刮掉水纹和气泡,尽量避免使用烤枪。

在定型时,可以喷洒适量的润滑液方便施工,有棱线的位置或曲面定型时使用烤枪定型,也可以使用蒸汽机蒸汽定型。

步骤五、使用刮板从中间往四边刮水,刮水时要保证膜的里外面应有足够的润滑液,以一板压半板的方式刮水,在确定前一板没有问题的情况下,再刮下一板,即后一板刮水应压在前一板的1/2处,避免水流回流造成水泡。在刮水时,注意刮板的力度,并保持力度均匀。定型完成后,将最外层的一层保护膜揭掉。注意:保护膜撕掉后,刮气泡时刮板要垫上毛巾,防止保护膜出现划痕。

步骤六、收边处理。把多余的膜边裁掉,用烤枪把膜边水分吹烤干,烤枪温度应在150℃以下,边缘粘贴时在确认膜边无水及干透的情况下,将膜边每隔3～5cm开个小口进行包边粘贴,并用烤枪加热,使其牢固。为提高工作效率,也可以不包边,在沿部件边缘2mm处裁割,然后再进行收边处理。

步骤七、按照以上的流程与方法分别将其他部位的车膜进行粘贴,例如车顶、翼子板、保险杠等位置。

步骤八、全面检查施工各部位的施工效果,保证完全贴合,无气泡即可,清洁后完成施工。

9.2 车门保护膜的粘贴

车门保护膜的粘贴方法和隐形车衣的粘贴方法一样，但因为车门板的平整度较高，所以在粘贴时应尽量使用干贴的方法进行粘贴。干贴比湿贴的难度略高，也可以使用湿贴的方法来施工。

车门保护膜粘贴步骤如下：

步骤一、裁膜。

步骤二、定膜。

步骤三、边线裁切。

步骤四、装饰条的裁切。

步骤五、车门扣手的裁切与粘贴。

步骤六、车门边缘的处理。

9.3 汽车玻璃贴膜

▶ 1. 汽车玻璃贴膜的作用

汽车玻璃贴膜是指在车身的前、后风窗玻璃、车门玻璃以及车顶天窗上贴一层薄薄的防护膜。作用是阻挡紫外线、阻隔部分热量以及防止玻璃突然爆裂导致的伤人等情况发生。汽车的玻璃膜还具有单向透视性能，贴膜后可以保护个人隐私等。

▶ 2. 汽车玻璃贴膜优点

（1）安全\防爆\防盗

据研究，车内温度由21℃提高到27℃时，驾驶人犯错的概率提高50%，反应时间减缓22%。因此，良好的隔热措施配合车内空调，能有效增加应变能力，防止意外发生。

太阳膜还可以有效地防止发生事故时因玻璃飞溅造成的附加伤害。

能延缓破窗偷盗的时间，提高车辆的防盗性能。

（2）阻隔热量\防紫外线

玻璃贴膜能有效反射太阳光中的红外线，从而达到隔热的效果，这也是客户选择玻璃贴膜最直接的原因。

减少对人体的伤害：如日光性皮炎、白内障、皮肤癌、皮肤的色斑、皱纹等；减少对物品的伤害：如褪色、老化等。

（3）节约能耗

为爱车贴上玻璃膜，能有效阻隔热源及热传导。权威部门验证，加装隔热防爆玻璃膜之后，汽车能耗平均节省6%。

（4）增加玻璃强度

由于玻璃贴膜的基层为聚酯膜，具有耐撕拉和防击穿的功能，加上膜的胶层，贴膜后玻璃强度能增加100倍，可以防止玻璃意外破碎对驾乘人员造成二次伤害。

（5）眩光隔离

选贴玻璃隔热防爆膜可以有效阻隔眩光，让驾驶人有效掌握车况。贴膜后，驾驶人的眼睛舒适度得以提高，同时可以降低因为眩光因素造成意外情况的发生。

（6）保护隐私

颜色涂布较深的玻璃隔热防爆膜，可以借由高外反光降低由外而内的透视度来防止偷窥，增加隐秘效果，避免因为车内人员或财物引起歹徒的觊觎或恶意破坏。

▶ 3. 汽车玻璃膜的结构

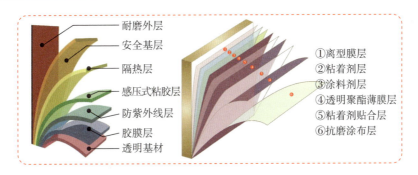

▶ 4. 汽车玻璃贴膜的选择

①膜的透光度和清晰度：尽量不要选取透光度太低的膜，车窗膜尤其是前排两侧窗的膜，应选择透光度在85%以上的膜。汽车玻璃膜有前、后风窗玻璃膜和侧窗玻璃膜之分。其中，对玻璃膜要求最高的是前风窗玻璃。按照交通安全法规的规定，前风窗玻璃的透光率必须大于70%，以不影响行车安全为前提，前风窗玻璃尽量不要贴深色玻璃膜。玻璃膜的抗紫外线指数越高越好。

②隔热率：质量好的汽车玻璃膜能反射红外线，可降低车内的温度，继而降低空调负荷，节省燃油。玻璃膜的隔热效果与颜色深浅并没有直接的关系，玻璃膜内的涂层工艺才是决定隔热效果的关键因素。隔热率越高，反光越厉害，市场中较好的玻璃膜的隔热率达到60%左右。

③防爆性能：优质玻璃膜本身有很强的韧性，玻璃破裂后可被膜粘牢不会飞溅伤人，并且其抗冲击性能很强。而劣质玻璃膜手感很软，缺乏足够的韧性，不耐紫外线照射，易老化发脆。

④紫外线阻隔率：高质量的膜，紫外线阻隔率一般不低于98%，高的可达100%。高紫外线阻隔率能有效防止车内的人被过量的紫外线照射，以致灼伤皮肤，还能保护车辆内饰不会被晒坏。而劣质膜这一指标远远低于98%的标准。

⑤GPS信号干扰：安装有车载导航系统的汽车应选用非金属膜，金属膜会屏蔽部分GPS信号与无线信号。

▶ 5. 汽车贴膜的甄别

（1）看颜色

无论膜的颜色深浅，优质膜在夜间的清晰度应在6m以上，而劣质膜会有雾蒙蒙的感觉。优质膜的颜料溶在车膜中，经久耐用、不易变色。防爆膜都选用较浅的绿色、天蓝色、灰色、棕色、自然色等对眼睛较舒服的颜色。而且采用了金属溅射工艺，将镍、银、钛等金属涂在了天然胶膜上，怎么用都不会出现掉色、褪色现象。从外观上看，防爆膜色泽均匀柔和，无波浪深浅不匀的色差，从车内往外看，景色自然不变色。而普通色膜是将颜色直接融在胶膜中，撕掉上层塑料纸后，用力刮粘贴面，就会有颜色脱落，拿着在地上轻轻擦拭，就会出现褪色现象。

（2）闻味道

劣质膜的胶层残留溶剂中，苯含量高，会有异味，而好的膜在出厂前已经进行了专业的处理，异味较小。长时间闻到此异味，会严重影响到车主的身体健康。

（3）看指标

必须具有隔热、防爆、防紫外线等功能效果。在选择时，可以详细地咨询相关情况，以判别质量的好坏。

按照标准，玻璃膜的隔热率应达到 90% 左右，紫外线阻隔率一般不低于 98%（高档的不低于 99%），透光度可达 90%，而且不论颜色深浅，清晰度都非常高。消费者在挑选的时候，可以透过玻璃膜远望，劣质产品的效果很模糊。在防爆性能上，优质的防爆膜由特殊的聚酯膜作为基材，膜本身有很强的韧性，在正常使用条件下，能保护膜面不被划伤，玻璃破裂后可被膜粘牢，而不会飞溅伤人。在保质期方面，正规厂家生产的膜都有较长的质量保证期，通常是 5 年。

(4) 凭手感

优质玻璃膜的厚度不低于 0.3mm，所以摸起来手感厚实平滑。另外，由于其表面经过硬化处理，一般表面不会被划伤。而普通色膜由于厚度不够，手感薄且脆，在摇动玻璃的过程中，会在膜上留下道痕。

(5) 目测

好膜表面质地平滑，手感极佳。无论颜色深浅，视野都是非常清晰，颜色纯正自然，贴完后，车辆外观有晶莹剔透的感觉。简易甄别方法：在一个碘钨灯上放一块贴着车膜的玻璃，用手感觉不到一丝热的是优质膜，而立即有烫手感觉的则表明膜的隔热性能有问题，是劣质膜。

▶ **6. 车窗玻璃贴膜的流程**

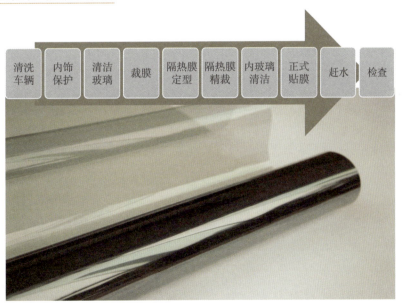

清洗车辆 → 内饰保护 → 清洁玻璃 → 裁膜 → 隔热膜定型 → 隔热膜精裁 → 内玻璃清洁 → 正式贴膜 → 赶水 → 检查

▶ **7. 汽车贴膜时的注意事项**

贴膜应保持环境清洁，贴膜时不要使用电风扇。**注意**：不能在露天的场所施工。

贴膜之前必须将车辆彻底清洗干净，特别是玻璃上面不得留有灰尘。

汽车玻璃膜应当粘贴在玻璃的内侧。

烤膜：将玻璃膜贴在汽车玻璃上面之前，需要将膜进行加热定型。定型的方法通常是利用前后风窗玻璃的外部曲面作为定型模型，对玻璃膜进行加热。将膜的保护膜朝外，铺于曲面玻璃的外侧，在膜和玻璃之间洒上水，采用温度可调的电吹风对膜进行加热，一边加热一边用塑料刮刀挤压玻璃上的气泡和水，使膜变形，直至与玻璃的曲面完全吻合。需要特别留意的是，加热要均匀，不要过分集中，否则会因温度太高造成玻璃开裂。

贴膜：先在清洁的玻璃内侧喷洒清水，然后撕去膜的保护膜，对涂胶的表面也喷上清水，便可以将膜贴于玻璃上，再用塑料刮刀进行挤压，去除膜内的气泡和多余的水分。对于曲面玻璃来说，如个别部位不吻合，还可用电吹风加热，使其变形，达到完全吻合。待膜干燥后，便能牢固地黏附于玻璃上。

由于膜是贴于车窗内侧的，贴膜前，应在车内空间喷水雾，使空气中的尘粒尽快沉坠。贴膜时，即使车内温度较高，也不要使用车内的空调。

▶ 8. 设备、工具及用品准备

无尘贴膜车间、无尘贴膜车间专用微雾降尘加湿设备、刮刀、水壶、橡胶刮板、塑料刮板、电热烤枪、裁纸刀、胶带、防爆膜、大毛巾、塑料尺等。

▶ 9. 贴膜前的准备工作

贴膜前检查：仔细检查车表状况，如玻璃、漆面、升降器、仪表、内饰等，并让客户确认签字。贴膜车间进行净化除尘处理。将车辆进行彻底清洗。

① 将毛巾盖在需要贴膜的车窗或仪表板上，防止贴膜时水将内饰板和真皮等泡坏，防止水进入车上电器系统中，造成电路烧毁。在座椅上套上胶袋护套，在原车地毯上铺上胶垫，对车厢内部空间喷洒细微的水雾，使空气中的尘埃沉淀下来，减少座椅和地板的扬尘。

② 裁板：用报纸或者塑料膜附在车窗外面，仿照车窗大小裁出尺寸，做成样板。

③ 裁膜：将样板放在膜上，依次裁出左右两边玻璃样子的膜。

④ 清洗玻璃：用玻璃清洗剂喷淋在玻璃表面，用塑料刮板从上至下反复刮三至四遍，将玻璃清洗干净。

10. 贴膜施工步骤

步骤一、为了保证贴膜施工过程中，喷洒的清洗液以及润滑液不会影响到车载电子设备并且最大限度地保证车内装饰件的初始状态，需要对车内的座椅以及仪表板进行必要的遮蔽。

步骤二、清洁。包括外侧玻璃清洁和内侧窗玻璃的清洁。

①外侧玻璃的清洁。将需要施工的车窗内外进行彻底清洗，包括玻璃橡胶导槽、装饰条、防尘胶条等，防止贴膜后膜与车窗玻璃之间的污垢影响施工质量。在外侧玻璃上喷洒清水，用手摸抹一遍，因为人手的敏感度最强，能感触到稍大的尘粒，遇到黏附较牢的污垢可用钢片刮刀顺次将玻璃上的污垢、灰尘彻底清洗干净。

②内侧窗玻璃的清洁：风窗玻璃的内侧面为真正的贴膜面，清洁一定要彻底，应按下列要求反复清洁。

注意：

① 在玻璃上喷洒清水，然后用手摸抹，检查和剔除稍大的尘粒，对于黏附较牢的污垢或贴物残胶可用钢片刮刀去除。

② 用硬质的直柄塑料刮板自上而下，由中间向两边清除玻璃上的灰尘。

③ 每刮扫一次后用干净的擦蜡纸去除塑料刮板上的污物。整幅玻璃每刮扫一遍，要用清水喷洒一次，最后用塑料刮板刮除积水，并确认玻璃已十分光滑干净。

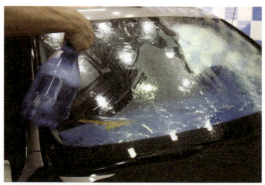

步骤三、膜的预切割。利用尺子测量前后风窗玻璃的尺寸，从工具架上选择所要进行施工的玻璃膜类型，并且将其按照已经测量好的风窗玻璃尺寸进行裁剪，有条件的还可以通过计算机直接进行裁剪，计算机会根据车型，自行裁剪出来相应的玻璃膜。粗裁完成后将膜卷好，然后两人操作，将膜平铺在风窗玻璃上再进行裁切，裁切时以玻璃的黑边外边为参考切膜，注意留点余量。注意膜的正反面，有保护膜的一面朝外。

其他裁膜方法的参考

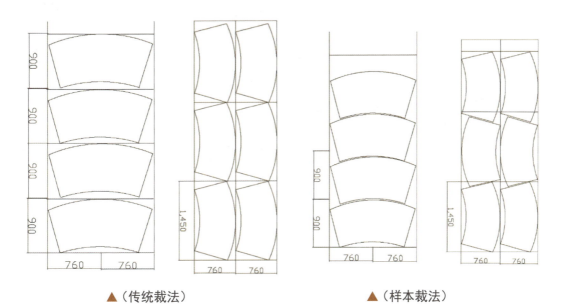

▲（传统裁法）　　　　　　　▲（样本裁法）

步骤四、对玻璃膜进行预收缩干烤。为了确保整形之后的玻璃膜能够更加精确地贴合车窗玻璃的弧度，同时减少直接进行湿烤的过程中可能发现的各种问题，在对玻璃膜进行湿烤之前应首先进行干烤，以使玻璃膜能够充分地预收缩。

步骤五、湿烤修整。为了在湿法烤膜的施工过程中保证玻璃膜更好地实现润滑移动，可以喷洒安装液。

烤膜时有两种方法：干烤与湿烤。干烤是指不喷润滑水，直接使用电热烤枪对膜进行加热定型。湿烤是指在玻璃与膜之间喷洒润滑水，一边烘烤一边使用塑料刮板整平。注意：不管是干烤还是湿烤，都应该注意烘烤的温度，不要长时间烘烤一个点。玻璃贴膜完成后，也会出现个别玻璃爆破、碎裂的现象，出现此类问题多数由以下三种原因引起。

第一种可能是由刀片引起，但这种问题很少见。

第二种可能是玻璃在钢化生产过程中本身产生了肉眼不易发现的微裂纹，当玻璃加热后会产生内应力，或在阳光照射的情况下由于粘贴了劣质的膜导致散热不良，产生的热应力将玻璃胀裂。

第三种可能是电热烤枪加热不当出现局部受热过量，造成玻璃破裂。加热过的玻璃以不烫手为宜。

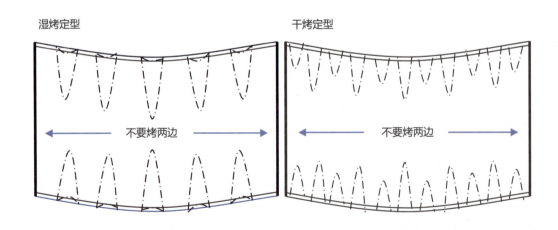

步骤六、对玻璃膜进行湿烤整形。玻璃膜经过了干烤整形操作之后，膜的形状与风窗玻璃的弧度基本上已经吻合了，但是为了进一步提高玻璃膜的服贴性，需要对膜进行湿烤整形。

步骤七、当湿烤完成后，使用裁膜刀片对玻璃膜进行精准裁切，裁切时，刀片沿着风窗玻璃的内侧黑边进行整齐裁切，车室内后视镜安装的位置沿着黑边的外边线裁切。

步骤八、裁膜完成后，将膜的外层保护膜揭开半边，使用助贴喷液喷洒带胶的一面，完成后将膜合上，然后再将另外半边的保护膜揭开也喷洒助贴喷液，将膜合上，从侧边开始将膜卷好待用，最后将玻璃的表面使用清洗剂清洁干净。

步骤九、为避免出现尘点并且减少边缘出现腐蚀的现象，应用清洗液彻底清洗风窗玻璃的内侧。为了获得定型所需的黏度以及更好的施工效果，需要喷洒足够的助贴喷液，然后去除膜上的透明保护层，将膜贴到风窗玻璃的内侧。

步骤十、将膜定位准确后,用毛巾包上刮水板从中间开始向四边将助贴喷液刮干,刮干后在膜的表面喷洒助贴喷液,然后再将揭开的保护膜覆盖在上面,使用刮板将水彻底挤干,这样可以减少干燥时间,获得更好的粘贴性能,最后用烤枪风干四周。注意:贴膜最后一定要风干四周,否则隔天起泡,会很难修复。完成后清理作业现场,前风窗玻璃贴膜完成,然后再粘贴后风窗、侧窗的玻璃,贴膜的方法与前风窗玻璃贴膜的方法相同。

步骤十一、收尾。当膜全部贴完之后,如果个别车窗玻璃出现小气泡,可用电热烤枪吹风筒轻轻烤一下,用塑料刮板刮干即可。最后将车内饰、仪表等地方用毛巾擦干净。

第 9 章 汽车贴膜与底盘装甲

至此,前风档玻璃贴膜完成,然后再贴后风档玻璃和侧窗玻璃。后风档玻璃与侧窗玻璃施工的手法相似。

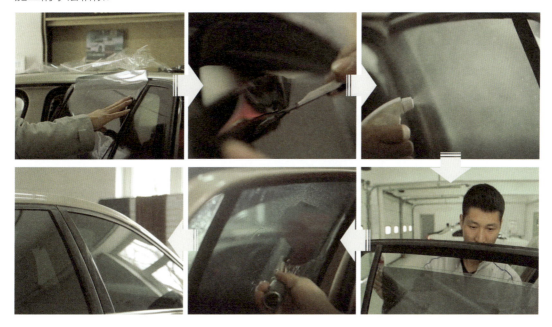

9.4 底盘装甲

▶ 1. 什么是底盘装甲

底盘装甲学名叫作底盘防撞防锈隔音胶涂层,它采用高性能树脂橡胶为基材与多种无机填料混合而成。可喷涂施工,并且可以快干成软性涂层。具有优良的防腐、防锈、耐磨和耐刮擦性能和良好的耐温性,并具有降噪的作用。

汽车底盘是最容易被忽视的地方，底盘时刻面临刮蹭、碰撞、锈蚀、腐蚀的威胁。

底盘装甲可有效防止飞石和沙砾的撞击，避免潮气、酸雨、盐分对车辆底盘金属的侵蚀，防止底盘生锈和锈蚀，保护行车安全，同时能够减轻驾驶时道路和轮胎的噪声。

▶ 2. 底盘装甲的种类

① 含沥青成分的底盘防锈胶。第一代底盘装甲产品，目前已经淘汰。

② 油性（溶剂性）底盘防锈胶。第二代底盘装甲产品，其中的稀释剂多为甲苯，是对人体有害的剧毒成分。施工后形成的胶层很硬，容易开裂，隔音效果也很一般。

③ 水溶性底盘防锈胶。又称环保型底盘防锈胶。水溶性底盘防锈胶附着力强、胶层弹性较好，底盘隔音效果显著，是底盘装甲的首选材料。

▶ 3. 施工材料与工具准备

底盘装甲的施工材料与工具包括底盘装甲专用喷胶、毛巾、遮蔽材料、一次性手套、专用喷枪、工作帽、防护眼镜等。

红色部分为施工的位置

汽车四轮的轮旋为施工的位置

▶ 4. 施工步骤

步骤一，将车辆清洗后移动到双柱举升机上升起车辆，拆下四轮轮胎，将底盘的泥沙进行彻底清洗，要求汽车底盘上面无尘、无油脂、无水。拆除车轮和内翼子板保护胶板，用高压水枪冲洗底盘，去除底盘上粘结的油泥和沙子，还可以用常见的铁丝网刷，把车底附着的泥沙、油污、腐锈和其他杂物刮掉，直到露出金属的本色为止。再用吹风枪将缝隙中的水吹出，并用毛巾将水擦干。

步骤二、将发动机、变速器、进排气歧管、排气管、减振弹簧、减振器、方向轴等部位使用遮蔽纸或遮蔽膜进行包裹、遮蔽，避免装甲材料喷涂时飞溅在上面，影响发动机底壳、变速器外壳的散热性能。车辆行驶时，排气管会产生高温，禁止喷在排气管上，要特别注意车身上的传感器和减振器的遮蔽。

为防止底盘装甲材料被喷涂到别的地方，应将施工的工位进行封闭。

步骤三、喷涂底盘装甲材料。将底盘装甲材料用力摇匀,然后打开罐盖,再将专用喷枪安装在上面拧紧,连接0.6~0.8MPa的压缩空气。底盘防锈胶经高压喷枪喷出,均匀覆盖在车辆底盘上。底盘装甲的厚度一般在1～3mm。也可以反复喷涂,直到达到满意的厚度为止。反复喷涂时,一般2～3瓶喷涂一层,每层间隔5～10min,等表面微干后再喷涂下一层,以防止流挂和厚薄不均,保证遮蔽性越强越好。底盘装甲材料在使用前要用力摇晃3～5min,再打开瓶盖插入专用喷枪并连接气管,喷枪压力调整为300～500kPa,喷涂距离为30cm,喷涂速度为每秒10～15cm,点射喷涂。

步骤四、将喷完的底盘装甲进行干燥,待干燥后拆除遮蔽,将从车上拆下的零部件按照原位复原。为进一步改善汽车底盘下部的行驶风阻系数、抓地力和更好地防护底盘,可以适当在底盘下部安装防护底板。安装完成后,整个工序结束。底盘装甲在喷涂2～4h后就能投入使用,但完全干燥需要三天时间。在这三天内,最好不要用高压水枪对底盘进行清洗。

注意事项

使用前先倒置摇晃2min,再平放摇晃3min。

底盘装甲材料属于易燃易爆物品,施工应远离火源。

做好零部件遮蔽防护与喷涂施工的个人保护。

操作过程中避免底盘装甲材料飞溅到眼睛内。发生后立即用清水进行冲洗直到眼睛舒适为止。必要时送医院治疗。

避免儿童接触、误食。发生后立即送医院治疗。

喷涂后将喷枪用清洗剂清洗干净,以备后用。

施工前必须将车底需要喷涂的位置彻底清除干净,并彻底干燥,若操作不当会导致底盘装甲难干透并容易脱落。

底盘装甲是具有一定厚度的,要多次喷涂加厚。为防止流挂,应喷涂一遍后进行干燥,微干后再次喷涂。用量:4～8罐不等,具体根据施工面积的大小与厚度来确定。

底盘装甲固化时间为12～24h,慢干72h,所以做完底盘装甲后三天不能洗车。喷涂底盘装甲不影响车辆的正常使用,但在固化前车辆不能上高速并应避免在雨水环境下行驶。

第10章 汽车选装件安装

10.1 车载导航系统安装

一般的车载导航都有 DVD 播放、收音机、蓝牙免提、触摸屏、选配功能、智能轨迹倒车、胎压检测、虚拟 CD 和后台控制功能。

车载导航系统能够结合储存在车载导航仪内的电子地图，通过全球定位系统（GPS）卫星信号，确定汽车的准确位置，并提供最佳行车路线、前方路况，以及附近的加油站、饭店、旅馆等信息。

▶ 1. 车载导航系统安装步骤

步骤一、拆下左右两边的装饰条，然后将固定在空调出风口的 4 颗螺钉拆下，将整个空调出风口取下来，拔掉空调出风口上的插头。

步骤二、用手将左右两边的装饰条拆下，取下空调控制器两边的4颗螺钉，拿出空调控制器，拔掉空调控制器插头。

步骤三、拆下固定在原车CD机两边的螺钉，取出原车CD机，拔掉原车音响上的插头。

步骤四、连接导航主机转换线。将导航主机的专用电源线束和USB转接线连接到相应位置，将所有线束插入导航主机的相应位置，把导航主机装到原车音响位置。注意：音响左右两侧定位轴销要对准车架定位插槽，用螺钉固定音响左右两边的支架。

倒车影像安装布线参考

① A 为从主机的后视插口插入。

② B 为显示器器连接口，如果有前部摄像头，前摄像头的布线也是在这个位置。

③ C/D 为后部摄像头安装位置。

步骤五、连接收音机转换线，布置导航天线。布置后视摄像头连接线，一端布线到行李舱内，另一端与导航相连。

步骤六、连接警告灯连接线、解锁键连接线。

步骤七、用电笔测量倒车灯电源线正极，并与导航连接线相连。

步骤八、拆下右侧牌照灯。拆下牌照灯灯泡和支架，安装在专用摄像头灯壳上。摄像头延长线布线至后杠内，从通风口处布线至行李舱内，后摄像头安装在右牌照灯位置。

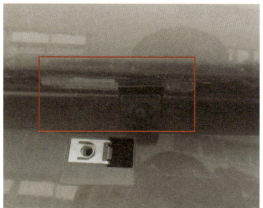

步骤九、安装完成后，接通电源，试机，检查功能是否都正常，然后断开电源。

步骤十、将空调控制器的插头插入空调控制器的插口中，将空调控制器还原，用螺钉固定空调控制器两边。

步骤十一、装上空调出风口的插头，将空调出风口还原，并装上两边的螺钉。

步骤十二、将装饰条还原装复，再次接通电源，检查各个功能的工作状态，导航系统改装完成。

▶ **2. 车载导航布置要求**

布线时，天线和连接线与主机电源线分开，建议将车载导航接收线安放在车顶外，如置于车内，一般可以安装在车前风窗玻璃的下方，用双面胶固定。

安装车载导航接收天线时必须水平放置，表面要正对着天空，这样能较好地接收信号。有些车贴有防爆膜，这会降低导航信号的接收强度，可在天线上方位置割去一小块防爆膜，以降低对信号的影响。

安装完成后，对车载导航进行测试，如果导航卫星定位成功，可听到"车载导航信号正常"提示，且车载导航界面右上方的卫星图标显示为绿色。

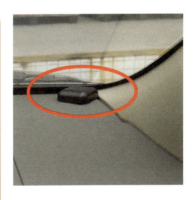

▲ GPS 天线

▶ **3. 车载导航主机安装要求**

安装车载导航前，检查仪表板功能显示、车内按键是否正常，车内外表面有无刮花现象。

安装车载导航过程中，拆下的配件要放好，避免刮花车内仪表板，保护车内物件。接线时留下的杂物及时处理，不要留在车内。接头处一定要做好绝缘，防止短路。

布线要合理。车内安装空间比较小,所以尽量减少不必要的线材,减少占用的空间,使车载导航主机易于安装。

如果安装倒车摄像头,则需要进入主机设置菜单中,选择倒车设置为"开"。

车型不同,车载导航的接线方式可能也不同,所以,在购买车载导航的时候,一定要与车辆匹配。

严禁破线,保证汽车线束的完整性,以免出现电磁干扰。

10.2 防盗器安装

现代汽车防盗器除具有普通防盗功能外,还具有手机控制、短信定位、远程监听、远程报警、全语音提示操作等功能。汽车防盗装置按其结构可分为机械式、电子式、网络式、指纹识别式、遥感式。汽车带的原厂防盗器原理与电子防盗器大致相同,主要是锁死起动系统。网络防盗器除了有比电子防盗器更强的功能外,还能把盗情发送到车主的手机上,并具备锁死起动系统的能力。其手机定位可把车辆定位在某个范围内。GPS卫星定位防盗器几乎综合了所有的防盗功能,并能用卫星将车辆准确定位在5m范围内。

▶ 1. 防盗器安装施工流程

步骤一、准备好安装工具,熟悉安装电路图。安装工具:剥线钳、测电笔、螺钉旋具、绝缘胶布、工具刀、双面胶、扎带,以及一些其他拆车工具。

注意:在安装防盗器前应仔细阅读安装电路图及安装说明,严格按照安装电路图进行操作,保证在安装完成后,车内系统主机、防盗主机、天线和咪头在车内的安装位置达到安装说明的要求。

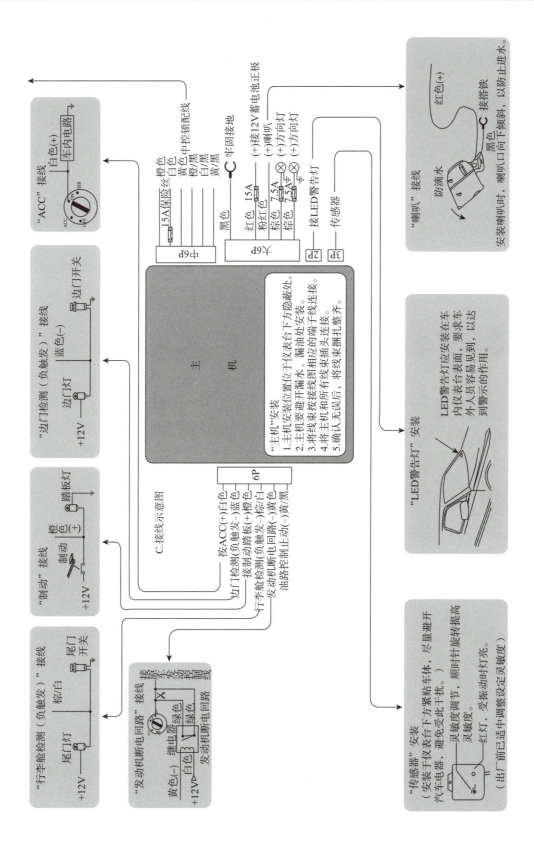

步骤二、在安装前确认原车是否有中控锁，判断属于哪种触发形式。判断好后，在安装防盗器的时候按照安装电路图中的"中控锁接线图"进行接线。

注意：若无法判断，则按照"中控锁接线图"中的正负触发进行连接，确保中控锁正常工作。如没有，则需加装中控锁。

内部原理

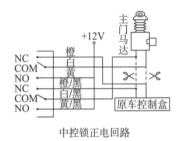

中控锁正电回路

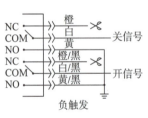

负触发

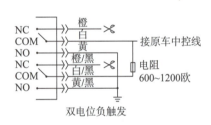

双电位负触发

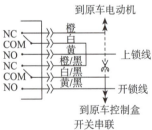

开关串联

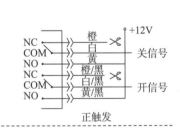

正触发

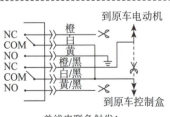

单线串联负触发1

单线串联负触发2

步骤三、确定安装位置。拆下仪表板下端装饰板，确定车内系统主机、防盗主机、天线和咪头等部件的安装位置正确无误，注意防尘、防水，为分配接线打好基础。

步骤四、查线、线路布置、接线。

查线：查出安装电路图中所需连接的线路。

线路布置：布置线路时，导线应尽量隐蔽、美观，接点到主机之间的距离要预留稍长一些。

接线：每测出一根线路，在确保无误的前提下连接一根，避免接错。

接线的要求：接头连接紧密，避免虚接，用绝缘胶布包好。此工序是整个安装过程中最重要的一步。如果连线接错，轻则防盗器无法使用，重则烧毁车内的元器件，使车辆无法正常使用，甚至酿成火灾。

连接防盗器需要查出车内的线路有正电、ACC、锁头ON线、转向灯线、制动踏板开关线、门边触点开关线、中控锁信号线。

 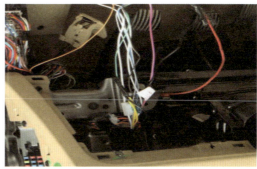

步骤五、安装系统主机。在所有线路连接完成后，按照安装接线图进行检查确认无误后，连接系统搭铁线。所有线束包扎完毕，将系统主机和防盗主机连接。将准备好的电话卡插入系统主机的插槽，打开SIM卡内置的电源开关。

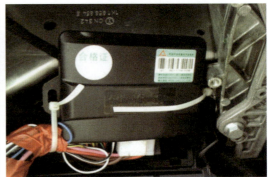

步骤六、测试。先利用手机或座机按照说明书的电话操作内容对系统主机的电话操作进行设置：设置报警电话、紧急报警电话。然后进行测试，将所有功能演示一遍，确认无误后，将所有系统部件固定在车内隐蔽处；还原所拆的汽车内饰件。最后再进行整机测试，确认无误后，完成安装过程。

注意事项

①系统主机和防盗主机以及外挂天线、拾音器的距离一定要达到安装说明的要求，以避免误报的情况发生。

②安装完毕后，一定要在设置好报警电话、紧急报警电话后，再进行报警测试，否则会造成系统死机，无法进行正常的电话操作。

③使用前一定要仔细阅读使用说明书，严格按照说明书的操作进行日常使用。

2. 安装案例：宝来防盗器的安装

以宝来为例，防盗主机安放位置在风口下边。一般在制动踏板上方的触点开关处可查到两根线，一根为常通的正电，另一根为在踩下制动踏板后才有电的制动踏板开关线。

把钥匙打到ON档，打开某一转向灯开关。然后用电笔在转向灯开关下的线束中查找（某些车型需在熔丝盒附近查找），如果电笔指示灯随着转向灯开和关一亮一灭，此线即为转向灯线，同理，查找另一根转向灯线。

脚踏板下黑绿色、黑白色线为原车转向灯线,尾灯检测(负触发)线为棕黑色。

将驾驶人侧的车门打开,其他车门关闭。电笔夹子端接车内正电,另一端测试门边开关的线束。用手按住门边的触点,一开一关。随着门边触点的开关,电笔指示灯和车内的照明灯一亮一灭。此线即为门边触点线。电笔一端接地,另一端测试线束中的电路(线束一般在驾驶人侧门边附近),反复测试,四门的锁随着电笔指示灯的亮和灭一开一关,即为信号线。左侧门板内中控锁电动机线棕蓝色为关、白色为开,左侧门板内中控锁负触发线,白红色为关,白色为开,行李舱开启线为紫黄色。

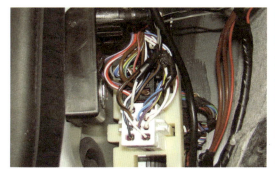

拔出点火开关钥匙,电笔一端搭铁,另一端在点火开关引线上测试。电笔指示灯常亮的便是正电。

将点火开关钥匙打到 ACC 档，用电笔在点火开关引线上测试，电笔指示灯亮，点火开关关掉后，指示灯灭，此线即为 ACC 线。

将钥匙打到 ON 档，用电笔在点火开关引线上测试，电笔指示灯亮，然后起动发动机，会发现电笔指示灯会明显地灭一下，然后又亮起来。将此线断掉，发动机熄火，此线即为 ON 线。

方向盘下方粗红色的线为 +12V 线，红黑色线为 ACC，左侧门板内安装地线。

A 柱装饰板内棕黑色线为顶灯线（负触发线），喇叭安装在此位置。

10.3　胎压监控器安装

胎压监测系统（Tire Pressure Monitoring System，TPMS）主要用于在汽车行驶时适时地对轮胎气压和温度进行自动监测，对轮胎漏气、低压、高压、高温等危险状态提前进行预警，确保行车安全。

1. 发射器安装方法

发射器的主要功能就是监测轮胎数据并通过无线通信方式发射出来，共计 4 个，螺母上面刻有 A、B、C、D 标志，出厂默认安装在左前轮、右前轮、右后轮、左后轮处。主要是为了区别发射器发射过来的数据是哪个轮胎发过来的，在胎压监测主机里面也有类似的设计。A、B、C、D 发射器和主机的码模块是对应的，出厂默认安装在左前轮、右前轮、右后轮、左后轮处。当调换 A、C 轮胎时（轮胎换位），相应的 A、C 码模块也要调换，否则显示屏上的数据是相反的。

六角螺母是专有的固定辅助件，能够在最后把安装在气门嘴上的感应发射器固定住；四个感应发射器上各有一片挡片，配合六角螺母使用，起到防拆解的功能的，而四个感应发射器安装在气门嘴上便可实时监测轮胎的压力和温度；形状独特的工具可分为两部分，一是拧紧、取卸六角螺母的专用小扳手（还可以用于轮胎的放气和更换气门芯），二是打开感应发射器为其更换电池的专用工具。点烟器插口式显示器是插到车内点烟器上，实现自动报警和显示轮胎压力数值的接收终端。注意：不要误把感应发射器当作轮胎气嘴防尘盖使劲拧下。

2. 胎压监测主机的安装

主机主要功能是接收发射器发来的数据，经过一系列分析处理后将数据提供给显示器显示。

安装方法：打开驾驶人一侧的仪表板找到车辆诊断端口，将主机线束和车辆相应的地线、ACC、电源线进行连接。

3. 胎压监测系统主机面板说明

- 选择键
- 设置键
- 选择键
- 太阳能板
- 充电接口
- 太阳能充电
- 电量指示（USB充电指示）
- 温度显示
- 胎压显示
- 轮胎位置
- 气压单位
- 报警图标
- 温度单位

> 一旦轮胎的气压波动较大、低于或高于设定的气压值时，警告灯便会亮起，提醒车主注意检查轮胎的气压。

4. 显示器报警显示说明

漏气报警 慢漏气：Bi-Bi- 快漏气：Bi-Bi-
一般为扎钉或气门嘴老化　例：右后轮漏气报警

胎压高报警 Bi-Bi-Bi-
气压超过170~330kPa范围报警　例：右前/右后轮气压异常报警

胎温高报警 Bi-Bi-
温度超过80℃报警　例：右后轮温度过高报警

传感器低电报警 Bi-Bi-
电池使用寿命约5年　例：右后轮传感器电池低电报警

传感器失败 Bi-
　　　　　例：右后轮传感器失败

显示器电量低报警
在电池图标闪动显示时，表示显示器电池电量快耗尽，如遇阴雨天，可用充电器给显示器充电。

10.4 汽车大包围安装

大包围学名是空气扰流部件，它对于改善车辆的性能有以下作用：
① 降低汽车车身的重量；② 减小汽车行驶时产生的逆向气流；③ 增加汽车的下压力，使汽车行驶时更加平稳，从而减少油耗；④ 外观上更能突出汽车的个性化。

汽车大包围由前包围、后包围和侧包围组成。前、后包围有全包围式和半包围式两种形式：全包围式是将原来的保险杠拆除，然后装上大包围，或是将大包围套在原保险杠表面，覆盖原保险杠；半包围是在原来保险杠的下部附加一装饰件，这样可不用拆除原保险杠。侧包围又称侧杠包围或侧杠裙边。

▶ 1. 汽车包围材料类型

① FRP，即纤维增强复合材料，这是最原始的汽车包围材料。吻合度：因为这种是包围安装全手工作业，所以就算模具非常好，吻合度也会因人的原因而有所区别；平整度：这种材质制成的包围会出现波浪纹；优点：硬，可修复。

② PU，即聚氨酯材料。吻合度：PU 材质包围是采用机器制成，能避免人带来的差异性问题，吻合度非常好；平整度：PU 材质包围是用两种液体混合凝固出来的产品，平整度非常好；优点：平整度和吻合度好。

③ PP，即聚丙烯材料。易上色，表面光滑，吻合度与抗撞性高，重量轻。PP 材质的大包围系列产品全部利用原车改装开发而成，100% 吻合，收缩小，不易变形，比 PU 材质的包围价格更合理。比传统树脂纤维包围有更好的防撞性和吻合度。以 PP 为原料的产品具有抗冲击、不易变形、不易断裂、重量轻、环保无公害等优点，是目前高档汽车最常采用的材料。

④ABS,即 ABS 树脂,这种改良的包围材质可以说是今后包围产品的发展趋势。吻合度、平整度跟 PU 一样,产品成本相对较低,但模具费用异常高,200℃以下高温不会变形。

▶ 2. 加装大包围的优点和缺点

优点:

① 使轮胎与地面之间的附着力增大,还可将气流引到后轮的制动系统以达到降温的目的。

② 降低空气阻力系数。空气阻力系数每降低 10%,燃油可节省 7% 左右。

③ 大包围可使车身加长,重心降低,给人以安全、稳健、踏实、庄重的感觉。

④ 安装大包围后,可以使车身的曲线更柔顺,棱角更分明,车型线条更顺畅,造型更优美,给人以整体和谐的愉悦感受,且极显个性。

缺点:

① 如果大包围的设计不良,会造成车身空气动力学性能不佳,反而使车速降低并且增加油耗。

② 安装后,会影响其通过性汽车只能在平坦良好的道路上行驶。

▶ 3. 加装大包围选用要求

① 应选用高质量的产品。大包围安装在车上,日常的磕碰在所难免,如果包围材质脆弱,刚性过大,就很容易碎裂,增加更换成本,也平添了不少麻烦。

② 最好不要选用需要拆掉原车保险杠才能安装的大包围,因为大包围所用材料的抗撞击能力大部分不如原车保险杠,选用将原杠包裹在其中的大包围不会影响车辆的抗撞击性。如果一定要选用拆杠包围,可将原保险杠中的缓冲区移植到大包围中,以起到保护作用。

③ 大包围总成是关键,只要选好了总成的型号和颜色,能与原车配套、协调,达到整体和谐;

④ 汽车是否加装大包围,要根据汽车经常行驶的道路情况而定,加装了大包围的汽车只适合在平坦和良好的道路上行驶。

▶ 4. 大包围安装的方法

将大包围的安装部位进行擦拭和清洗，去除油污和污垢，使表面清洁、干燥。在车身上安装大包围的相应部位贴上保护用的皱纹纸，防止在安装过程中碰坏车身油漆。将大包围在车身上相应位置试放一下，观察两者的贴合程度，注意安装侧包围时应该把车门打开，安装后包围时注意排气管。取下大包围，按照试放的效果对其进行修整，将大包围修边角并去毛刺，按照安装要求在车身下端钻好安装孔，并去掉孔边周围的毛刺。安装大包围，施力时应该注意技巧，要使车身与大包围紧密地贴合，避免用力过猛而造成损伤，必要时可以在大包围的内侧与车身贴合的位置涂上专用的胶水。拧上固定螺钉，最好在螺母上涂上油漆，使之与车身颜色协调。

▶ 5. 安装灯眉

① 使用酒精将前照灯表面擦拭干净，再把灯眉粘贴在前照灯的上部。
② 在原车前后保险杠边缘粘贴皱纹纸防止划伤油漆漆面；
③ 将后唇放到车上对位，用角向磨光机和砂纸反复打磨修整后唇，使其与原车后保险杠紧密配合；
④ 在后唇内部涂抹粘接剂，把后唇粘在后保险杠外面，并用皱纹纸粘贴固定；
⑤ 在后唇内侧钻孔并用螺钉固定，在螺钉上涂调好的同颜色涂料；
⑥ 按相同方法安装前唇并粘接安装裙边；
⑦ 在行李舱盖上打孔安装扰流板。

6. 安装大包围应该注意的事项

① 大包围总成是关键，只有选好了总成的型号和颜色，才能与原车配套、协调，达到整体和谐。

② 汽车是否加装大包围，要根据汽车经常行驶的道路情况而定，加装了大包围的汽车只适合在平坦和良好的道路上行驶。

③ 应选用高质量的产品。大包围安装在车上，也就与车成为一个整体，日常的磕碰就在所难免，如果包围材质脆弱，刚性过大，就很容易碎裂。

④ 最好不要选用需要拆掉原车保险杠才能安装的大包围，因为大包围所用的材料抗撞击能力不如原车保险杠。

10.5 行车记录仪安装

行车记录仪相当于汽车黑匣子，可通过高清镜头摄影记录车辆行驶途中的影像及声音，当意外发生时，能立刻提供证据，保障驾驶人的权利。

安装行车记录仪后，能够记录汽车行驶全过程的图像和声音，内部的传感器能够设置冲击力的敏感度，当外界的冲击力大于所设置的值时，导致该冲击力的现场数据将被记录下来，可为交通事故判定提供证据。

根据车型及功能可分为高清行车记录仪、迷你行车记录仪、夜视行车记录仪、广角行车记录仪、双镜头行车记录仪、多功能一体机、眼镜式多功能行车记录仪等。

按清晰度分类，行车记录仪主要分普清、高清、全高清、超清4种。高清行车记录仪有720p@30FPS、720p@60FPS、1080p@30FPS、1080p@60FPS，超清有1296P@30FPS。

拍摄角度有多种，大多可根据摄像头的角度来调整：90°、100°、120°、140°、150°、170°等。

常见的行车记录仪分辨率有 30 万像素和 130 万像素、200 万像素、500 万像素四种，有些标注 1200 万像素是指静态拍照，而并非视频像素值。

行车记录仪安装方法：行车记录仪布线如下图所示，在使用时直接将电源的插头插入点烟器即可。

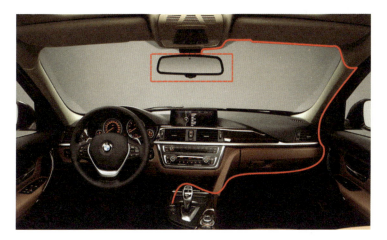

▲ 后摄像头的安装

10.6 汽车空气净化器安装

▶ 1. 后座窗前位置绒面安装方法

包装盒内附有两片魔术扣，将非毛面的魔术扣部分撕去离形纸，把 3M 胶贴在机器上，再将整机安装在后座窗前位置，并用手在机器表面上压一压，确保与车紧贴。

▶ 2. 后座窗前位置光面安装方法

包装盒内附有两片魔术扣，将非毛面的魔术扣部分撕去离形纸，把 3M 胶贴在机器上，再将毛面的魔术扣部分撕去离形纸，将 3M 胶贴在台面上，再将整机与台面魔术贴对齐，并用手在机器表面上压一压，确保与车紧贴。

3. 香珠盒的安装方法

关闭空气净化器的电源,将机器底部向上;打开底部香珠盒置放处,撕开香珠盒密封袋,取出香珠;平放在香珠盒置放处,盖上盖子即可。

4. 电源线布线图示

电源线布在地毯下面或者车顶内饰里面,将点烟器插头插入中控台的点烟器插孔内。将点烟器另一端插入到产品后面的插座,并理好线。

10.7 汽车隔音处理

▶ **1. 汽车噪声的来源**

在加装汽车隔音件之前先来了解一下汽车噪声是怎么产生的，这有助于我们更好地处理噪声。

汽车噪声按部位分为发动机噪声、轮胎噪声（路噪）、风噪声，按传播途径分为结构噪声、空气噪声、共鸣噪声。汽车的外壳一般都是由金属薄板制成的，车辆在行驶过程中，外部噪声通过振动传给车体，在车体中以弹性波形式进行传播，薄板受激振动时会产生噪声，同时引起车体上其他部件的振动，这些部件又向外辐射噪声。在该传播途径上安装弹性材料，隔绝或衰减振动的传播，就可以实现减振降噪的目的。

隔音处理则着眼于隔绝噪声自声源点（发动机、胎噪）向驾驶室的传播。隔音材料的最佳应用部位是在车身钣金缝隙孔洞处、车地板及挡火墙，因为发动机噪声在挡火墙及车地板表现出的为低频噪声，能量大、穿透性强且没有方向性，所以多孔、疏松、透气的吸音材料根本无法吸收或阻隔低频噪声向驾驶室的传播；在汽车上阻隔低频噪声必须用高效易用的密实材料，一般低频隔音材料太重、不易成型及安装。

在汽车有限空间内的噪声包括直达噪声和反射噪声两部分。吸音是用特种被动式材料来改变声波的方向，以吸收其能量。合理地布置吸音材料，能有效降低声能的反射量，达到吸音降噪的目的。

汽车隔音施工部位主要有车门、行李舱、车地板、车顶、发动机舱，其中车门、行李舱是最关键的位置。

▶ 2. 发动机舱盖的隔音处理施工方法

① 发动机舱盖隔热膜是一种外面覆有一层增强铝护膜的吸音泡沫，能有效吸收发动机舱内的机械噪声。

② 拆卸原厂隔热板，用清洁剂清洁发动机舱盖板的污渍。

③ 将发动机舱盖隔热膜切割成需要的形状粘贴在发动机舱盖底板上，有气泡时用裁切刀裁开压覆。

④ 最后使用封边胶带将贴覆好的发动机舱盖隔热膜封边即可。

⑤ 施工后不需要复原原厂隔热板。

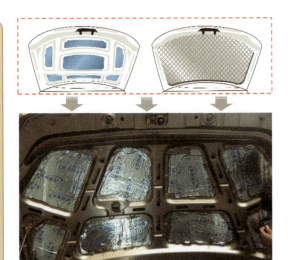

▶ 3. 车门的隔音处理施工方法

① 关闭车窗玻璃。
② 拆下内饰板上安装的螺钉。
③ 拆下一部分门镜上的塑胶封套。
④ 内饰板剥离后拆下其下方的卡子。
⑤ 拆下电动窗的插接器。
⑥ 揭下防水塑料薄膜。
⑦ 拆下扬声器。
⑧ 使用清洁擦布等将外板的油渍、水分、脏污清除干净。**注意**：不要使用油性清洁剂。
⑨ 将隔音减振垫裁剪成容易粘贴的尺寸。
⑩ 使用专业刮刀按压，除去残留空气。
⑪ 请勿粘贴到外板下方容易积存水处。

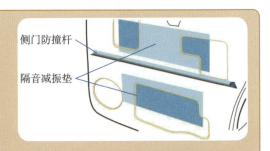

▶ **4. 车舱地板的隔音处理方法**

① 详细了解后侧墙裙、后门螺钉紧固孔位，使用专业工具进行拆卸。

② 对后侧墙裙、后门钣金件分别进行清洁处理，以确保材料粘贴稳固。

③ 将已裁切好的隔音垫粘贴到后侧墙裙、后门内外板表面，使用专用工具压实紧贴，以确保材料发挥最佳效果。

④ 为达到最佳的隔音效果，在施工中将所有后侧墙裙、后门不需要使用的安装孔洞进行密封粘贴。

⑤ 清洁底板，不需要去除原厂减振材料。

⑥ 将隔音垫裁剪成合适的尺寸用专用刮刀压实在地板上。

⑦ 再将隔音隔热毯裁剪成合适的尺寸或直接放置于地板上。

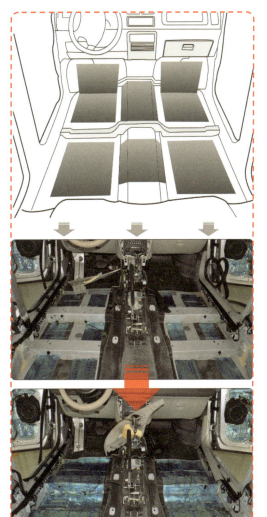

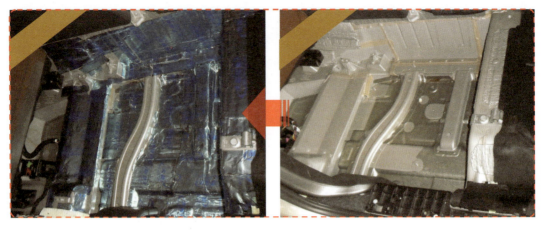

▶ 5. 行李舱隔音垫粘贴的位置

施工方法：
① 使用专业工具将行李舱的内饰板与零部件拆除，注意拆卸的内饰板与零部件应整齐保存。
② 将行李舱内需要粘贴隔音材料的区域清洗干净，然后使用吹风枪将水迹吹干净，再使用除油剂擦拭一遍。
③ 根据行李舱需要粘贴隔音材料的位置，将隔音板裁剪出合适的形状。
④ 将裁剪好的隔音板分别粘贴在需要安装的位置，用手压平，在隔音板上面预留出安装零部件的螺钉孔与卡扣的孔洞，再用加热烤枪进行烘烤。
⑤ 检查并确认行李舱粘贴位置与质量，最后将原先拆除的零部件与内饰板装复，安装完成。

粘贴的方法可参考车舱地板的隔音处理方法

▶ 6. 两厢 SUV 车型隔音垫粘贴后的效果

行李舱、两厢 SUV 隔音施工应注意：
① 需要粘贴的位置要清洁干净。
② 将已裁切好的隔音垫粘贴后，使用专用工具用力压实紧贴。
③ 为确保粘贴牢固，可以使用热风枪进行适度的烘烤，然后再将粘贴的隔音垫压实。